美容室帰りのスタイルに次の日からなれない理由

坂直樹 著

セルバ出版

・毎日のスタイリングが上手くいかない方
・ヘアサロンのスタイルが次の日以降決まらない方
・2か月で美髪になりたい方
・知識をつけて指名を増やしたい美容師の方
に読んでいただけると嬉しいです。

まえがき

自分は美容室に行ったことが1度もない状態で、いきなり美容室で働きました。

高校を卒業して専門学校へ行かず先に美容室で働きながら通信学校で免許を所得しました。

床屋しか行ったことがなかったので、全く先入観なしで美容室で働いてたのですが、さまざまな衝撃を受けたことを今でも覚えています。

それは、なぜ人は髪の毛が乾いた状態で過ごすのに濡れたままカットするのか？

ということです。

当時は強めのパーマが基本で、強めのくるくるパーマをかけてからブローで伸ばしてスタイリングしていました。

なぜブローが必要な状態の強いパーマをかけるのか…

乾かしただけでちょうどよくなる強さのパーマをなぜかけないのか…

必ず行う美容師のブロースタイリングやアイロンスタイリング、お客様は家で同じことができるのだろうか…

先入観が全くなかったため、本当にさまざまな衝撃を受けました。

それと同時に自分がスタイリストになったときには、「サロンでの仕上がりを次の日も再現でき、さらには2か月後3か月後もしっかり維持できるカットの技術を磨こう！」と強く思いました。

スタイリストになってからは『**乾かすだけで決まる**』というテーマを掲げ、**スタイリスト1年目から今までそのテーマを中心にこだわり、20年以上研究してきました。**

当時はお客様ご来店時そのままカットをすると、

「えっ？　濡らさないんですか？」

と怒り口調で言われたり、仕上げの際、

「えっ？　ブローしないんですか？」と口コミをいただいたりしました。

今でこそ『乾かすだけで決まるスタイル』でご来店いただいているサロンだからなのか、年を重ねて自分の外見的に言われにくくなったのかわかりませんが、当時そういうサロンはなかったので、よくお叱りをいただきました。もちろん今でも「乾いたままいきなり切るのは初めてです」と言われることもあります。

でも自分は信念を曲げず『乾かすだけで決まるカット』ということを20年以上研究してきた結果、「乾かすだけで決まる癖」と「乾かすだけで決まらない癖」が存在することに気づきました。

さらに「乾かすだけで決まらない癖」は、**生活習慣を直すことで癖を扱いやすくすることができる**ということがわかりました。

この理論によって多くのお客様の悩みが解決することができましたので、この情報を全国に届けたいという思いで出版させていただくことを決めました。

当サロンヘアレスキューカプラでは、**他のサロンで失敗してしまったお客様や、ス**

タイリングが苦手なお客様、髪の悩みを抱えたお客様、**乾かすだけで仕上げたいお客様**などにご来店いただき、おかげさまでホットペッパーランキング関東上位称号のホットペッパーアワードシルバープライズ受賞もさせていただきました。

当サロンで運営中のYouTubeチャンネル『髪のレスキューチャンネル』では、カウンセリングでなりたい髪型になるための説明などをお伝えしながら、具体的にモデル様にご出演いただき発信しています。

そのYouTubeチャンネルをご覧いただき、九州や関西や北海道、さらには海外からもお客様にご来店いただくまでになりました。

やはり髪で悩む女性がとても多いという実感があります。

本書では、**なぜ濡れたままカットするのか？**から始まり、今まで言われていなかった縛りなどの**生活習慣によってついてしまう直る癖**と、**生活習慣をやめても直らない**

癖について説明させていただきます。

それから、**何を食べると髪によくないのか？　本当に髪にいい食べ物はなにか？**の説明をさせていただき、結果的にサロン帰りの髪型が次の日からできない理由と明日から2か月後に美髪になる方法をお伝えさせていただきますので、最後までお読みいただけれると幸いです。

本書では、「なぜ濡れたままカットするのか」など、サロン帰りの髪型が次の日できない理由からその解決法までを詳しく説明しますので、最後までお読みいただいけると幸いです。

２０２４年５月

坂　直樹

美容室帰りのスタイルに次の日からなれない理由　目次

第3章　日本人の癖の9割は縛り癖（癖毛の習慣）

第4章 何を食べるかではなく何を食べないかが重要（美髪と食事）

第5章　栄養を数字で見ているか？（美髪と栄養）

第6章　顔がたれるなら、頭皮もたれる？（耳と頭皮と髪）

第7章　美髪になるために、これからやるべきこと（贈り物）

第1章

ヘアサロンの髪型が翌日から決まらない理由

・濡れたまま生活しないのに濡れた状態でカットしてしまう

次の日、美容室の仕上がりとなにか違う…ということが今までありませんか?
美容室では、シャンプーして濡れたままカットをするパターンが多いと思います。

濡れたまま長さと重さをカットし、乾かしてから最終的な仕上がりを確認しながら毛量を調整して仕上げという流れが大半の美容室ではないでしょうか?

では、なぜ乾いたまま生活するのに、濡れたままカットをするのでしょうか?
それは、濡らして癖をカットしやすくするためや、手やクシで髪を取りやすくするためなどがあります。

でも毛髪の癖は、濡れて出る癖と乾いて出る癖があるため、濡らした状態でカットしてしまうと、乾かしてから形が変わってしまいます。

では濡れたままカットした後に、乾かして出てきた癖の『ズレ』はどうすればいいのでしょうか？

美容室では濡らした状態での長さや重さのカット終了後、乾かした状態でカットする前にブローやアイロンをしてから、その状態に合わせて毛量を微調整して仕上げになるパターンが多いのかと思います。

プロ美容師の技術によるブローやアイロンに、毛量を調整するカットを合わせてしまっているため、**スタイリング方法を丁寧に教えてくれたとしても、家でプロと全く同じ仕上がりにすることは相当難しいです。**

ブローやアイロンで伸ばした状態にカットを合わせてしまっているので、実際クセが出たときには全く違うスタイルになり、美容室帰りのスタイルを再現できないという状態になってしまうのです。

POINT
プロのブローやアイロンに合わせてカットされてしまっているため、家でスタイリングするとズレが生じてしまう。

・なぜブローやアイロンをするのか

これを言ってしまうと美容師から叩かれそうですが、ブローして収まった状態でカットしてしまえば、カットはしやすいですし、後日スタイルが崩れようがそれはブローが再現できないお客様の問題ということになり、カットの問題とはなりません。

ブローやアイロンをしてしまえば、最終的に綺麗に見えるのでお客様にも喜ばれますし、家でのブローやアイロンの仕方や、スタイリングの仕方をしっかり説明して「これを必ずやってください」というアフターフォローがしっかり入れれば、お客様の心理的には「美容師さんは丁寧にしっかりやってくれた。このスタイルを再現できないのは私のせいだ」という想いにもなってしまいます。

次回来店時に「スタイリングができなくて…」というカウンセリングから始まり、またしっかりスタイリングを教わるというループにつながってしまい、もっとカットをこうして欲しかった、この部分が気に入らなかった、この辺がオーダーと違うなどの具体的な要望も言いにくい空気になってしまいます。
そしてオーダーの仕方が悪かったのかとネットやＳＮＳから様々なスタイル写真を選び直し、伝え方を工夫したりしますが、そもそもお客様の髪の状態が今現在どういう状態なのかという問題に向き合わない限り、根本的な解決にならないのが現状です。
ただただ美容師は、お客様がご希望しているヘアスタイルへ、できるだけ近づけたいという思いからそういう行動になってしまうので、美容師が悪いとも言い切れません。

お客様と美容師の認識のズレが問題であり、さらに何故そうなってしまうのかを説明させていただきたいと思います。

POINT
お客様にご満足いただくため、乾かしたときに生じたズレをブローやアイロンで直してからカットしてしまう。

・なぜ美容室難民になるのか

ブローやアイロンをして、そこにカットを合わせることで問題なのは、家で同じブローやアイロンをできないからという話をさせていただきましたが、それよりもっと重要な問題があります。

それは、生まれつきの本当の癖なのか後天性の癖なのか、という判断がつかなくなってしまうことです。

ブローやアイロンをしてしまうと様々な状態の癖が綺麗に伸びてしまい、**どこに癖が強いのか…根本の動きはどこに向かっているのか…頭の骨格に対して癖が沿っているのか沿っていないのか…同じ動きの癖をしているのかしていないのか…**など一言に癖と言ってもさまざまな原因の癖が隠れています。

その癖の種類をしっかり見極めて説明をしてくれる美容師ならいいのですが、近年、美容室増（過去20年間で約20万件から約26万件に増え、信号機の数よりも多いと言われています）にも関わらず人口減によって、1美容室辺りのお客様の数が30％減少し、価格競争になってしまい、本来1番技術を必要とするカットの時間単価が悪くなってしまって、カット時間の短縮（なかなかカットにその時間をかけられない）を余儀なくされているという現状です。

20年以上単価の変わっていないカット料金、むしろ１０００円カットと競争してしまい下がってしまっているぐらいの感覚もあります。

カウンセリングにも時間がとれず、長さを切って軽く梳くだけでカットは終わらせ、その癖に対する対処は、カットではなく髪質改善が流行ってしまっている状態です。

やはりカット料金が上がらないため、時間単価のいい髪質改善などを利用し、その癖を根本的に直すというよりも、「薬剤の力で綺麗にしてしまおう」という発想に業界全体が動いているように思います。

さらに髪質改善は技術の習得が早く、カットは習得時間と教える側の手間がかかるので、コスパ的にも利益の出しやすい髪質改善が増えているというのが現状です。

ですが、実際にそれは対症療法でしかなく、お客様の悩みの根本解決にはいたりません。

要は、カットで解決ではなく縮毛矯正や髪質改善で解決という流れにしてカウンセリングを進めていきます。

お客様も生まれつきの自分の癖という認識を持っていて、美容師もそれを癖という大きな枠組みの1つとして片づけてしまうことが本当の問題であり、解決しなければいけない本当の問題だと思っています。

その部分を解決しなければ、根本的な悩みから解放されない、美容室難民という状態になってしまう典型的なパターンです。

なぜ現在そのスタイルになれないのか？　何を気をつければそのスタイルになれるのか？　の答えがあれば、将来的になりたい自分の髪型になれるのです。

POINT
さまざまな癖の原因があることを認識せず、１つの癖という枠組みでまとめてしまっていることが問題です。

・2種類の癖とは

癖は２種類あります。

１つは生まれつき持っている癖。もう１つは後天的にできた癖です。

そして生まれつき持っている癖の特徴は、活かせる癖なんです。カールが綺麗に出てパーマみたいになる癖です。

要は、「**乾かすだけで決まる癖**」**というのは、**「**生まれつき持っていた癖**」**なのです。**

生まれ持った癖は、元々頭の形に合わせた癖になっており、髪の太さや、髪の質や癖も生まれつき持っている毛髪なので、基本的には頭や顔に馴染むようになっています。

生まれつき持った癖で、唯一まとまりにくい活かせない癖は前髪など部分的にカールやモヤモヤが出てしまう癖です。

全体のカールであれば活かせるのですが、**もし本当にそれが生まれつきの癖**であれば、部分的に縮毛矯正をかけるとなどの対処が必要になってきます。

生活習慣で部分的に癖になる場合もありますので、この後説明させていただきます。

POINT

癖には「乾かすだけで決まる癖」と「乾かすだけで決まらない癖」があります。

・生活習慣による後天性の癖とは

「若い頃、髪にこんな癖はなかった」というお声はよく聞きます。

それ実は、元々持っている癖ではなく生活習慣によってなってしまった癖なのです。

生活習慣と言えば、食生活と言うイメージになると思います。もちろん食生活でも大きく髪質は変化するので、そちらも本書で説明させていただきますが、それと同じぐらい髪の癖に関わってくる生活習慣があることはあまり知られていませんでした。

それは縛り癖などの毛根や毛髪に負荷をかける行為です。

「いや…縛り癖なんてシャンプーすれば直るんでしょ？」

と思っている方が本当に多いです。しかし残念ながら縛り癖で一生直らない癖になってしまうということも起きてしまうのです。

お客様の髪のお手入れ方法などを詳しくヒアリングすると、美容師からすると耳を疑うようなことをしてしまっていることもよくありますが、美容師側がその理論をあまりお客様にお伝えしてこなかったという問題もありますし、そもそも美容師がそれを問題だと思っていないケースもあったのではないかと思います。

癖毛になったらストレートをかければいい…まとまらなければ髪質改善をすればいい

い…という方向になってしまい、根本的な癖には向き合って来ませんでした。

残念ながら、癖になったり傷んでくれたりした方が、売上が増えるというレベルかもしれません。

それでは、お客様のお悩みの根本的解決にはなりませんし、本当にやりたいスタイルの実現からも遠ざかってしまいます。

生活習慣を正したことによって「何年も続けていた縮毛矯正が必要なくなった」というお客様も本当に多いです。

生活習慣を正し、少しでも癖の状態が変われば縮毛矯正をしていたほうが髪質改善で済むかもしれませんし、髪質改善していた方が必要なくなるかもしれませんのでぜひ参考にしてみてください。

POINT
後天性の癖には、食生活によってできた癖と縛ることによってできた癖があります。

・後天性の癖、２つの共通点

後天性の癖には2種類あり、１つは縛り癖などの物理的な癖です。物理的に髪を動かしてついてしまので、その**生活習慣を直せば必ず直ります。**

もう１つは食生活などの内面的な癖です。こちらも食生活で変わりますのでその**生活習慣を直せば必ずと言っていいほど変わります。**

内面的な癖が出てしまうと髪は細くなり湿気に弱いモヤモヤの髪質になってしまいます。そうしますと物理的な癖もつきやすい状態になってしまい、この２つの癖が連動してしまっていることが多く感じます。

それを一言でエイジング毛とも言われていますが、**実はそのエイジング毛は生活習慣によってなっているので、これを正せば誰でも美髪になれるスペックはもともと持っているのです。**

要は、乾かすだけで決まらない癖というのは、頭に馴染まない後天性の癖ということになります。

生まれつき持っている癖というのは、しっかり頭の形になじむようにできていますので、カットだけでも乾かすだけで活かせる癖です。例えば生まれつき癖を持っている方で、自分の癖は全然活かせない癖だという方は、生まれつき持っている癖にプラス後天性の癖がついてしまった、もしくは後天性の癖が出てきてしまったということになるのです。

後天性の癖は直らない場合もありますが、生活習慣を正すことである程度改善し、元々の活かせる癖に戻すことが可能です。

POINT
後天性の癖は頭に馴染まず「活かせない癖」という共通点があります。

第2章

活かせる癖と活かせない癖の真実（美髪と習慣）

・2種類の癖の結合の違い

『癖を活かす』というフレーズをよく耳にすると思います。

最近では、縮毛矯正をかけずに自然のまま「ありのままの自分」みたいなナチュラル思考にもなってきています。

でも実は、癖には2種類あります。

そして、その2種類の癖が混合していてどっちのタイプの癖の割合が多いのかで**活かせるか活かせないかが決まってきてしまいます。**

その2種類の癖の説明をさせていただきますが、その前に毛髪の構造をわかりやすく簡単に説明させていただきます。

髪の内部はいくつかの結合があります。

その中で癖に関連性の高い結合が２つあります。

１つは「水素結合」という結合です。水素結合は水で緩む結合で毛髪が水分を含むとその結合は弱くなり緩む性質があります。

そしてこの水素結合に関連が深い癖が、活かせない癖の正体です。

もう１つの結合は「シスチン結合」です。シスチン結合は還元剤で切れる結合です。還元剤とはパーマ剤や縮毛矯正剤に含まれる薬剤です。

このシスチン結合に関連が深い癖が、活かせる癖の正体です。

癖が活かせるかどうかは、この２つの結合に癖が「あるかないか」が関係してきます。

そして、自分はどっちのタイプの癖の割合が多いのかを、まず知る必要あります。

まとめると、水素結合に関連する癖（活かせない癖）が多いのか？　もしくはシスチン結合（活かせる癖）に関連するく癖が多いのか？　を見極めるということです。

POINT
癖には活かせない癖があり、見極め方法と解決方法があります。

・日本人に多い活かせない癖

まず水素結合に関係する癖『活かせない癖』について詳しく説明します。

水素結合は水で緩む結合なので、水素結合の癖は毛髪を水で濡らすとなくなります。

そして、乾くとモヤモヤとした癖が出るのが特徴です。

朝スタイリング時は出ていなかったのに、湿気などで出てくる癖もこの水素結合の癖です。

実は、**この癖の比率が日本人には多く**、カール系の癖ではなくモヤッとした癖なので、「**活かせる癖**」というジャンルの癖では残念ながらありません。

「癖を活かしたい」という要望をよくお聞きしますが、「生かせない癖」タイプの方が多いのが現状です。

年とともに出てくるエイジング毛と言われている癖もこの水素結合の癖です。

そしてエイジング毛は年と共に出てくるのではなく、栄養不足や日頃の手入れによる生活習慣によって出てくるのです。

そしてもう1つの**シスチン結合の癖**について説明します。この癖は毛髪が水に濡れると強くなる癖です。

パーマをかけたことがある方はわかると思いますが、パーマは濡れるとカールが強くなり乾くと緩くなります。

これはシスチン結合を切り離し、その部分にパーマをかけ、濡れたまま固定しているからです。

髪を濡らしてもくるくるとカールの癖が出る場合は、このシスチン結合の癖（活かせる癖）にあたります。

この癖はモヤモヤの癖というよりも、カールだったり活かせるウネリだったりするので、**捻って乾かすとパーマみたいな質感になるのが特徴です。**

なので、活かせる癖という癖の種類になりますが、生まれつきくるくるとした綺麗なカールの癖を持っている日本人は少ないのが現状です。

まとめると活かせない癖は、次頁の図のように**水で濡らすと癖が緩むので水で濡らすと1回なくなります**。そして乾くとまた、チリチリモヤモヤとした癖が出てきます。湿気の水分は髪に入ったり出たりを繰り返すので、湿気でウネウネが強くなります。

お風呂や料理などの湯気でチリチリモヤモヤが強くなってしまうような癖の場合は、活かせる癖ではなく活かせない癖であり、子どもの頃にはなかった後天性の癖ということになってきます。

POINT

活かせない癖の特徴は、水で濡らすとなくなります。

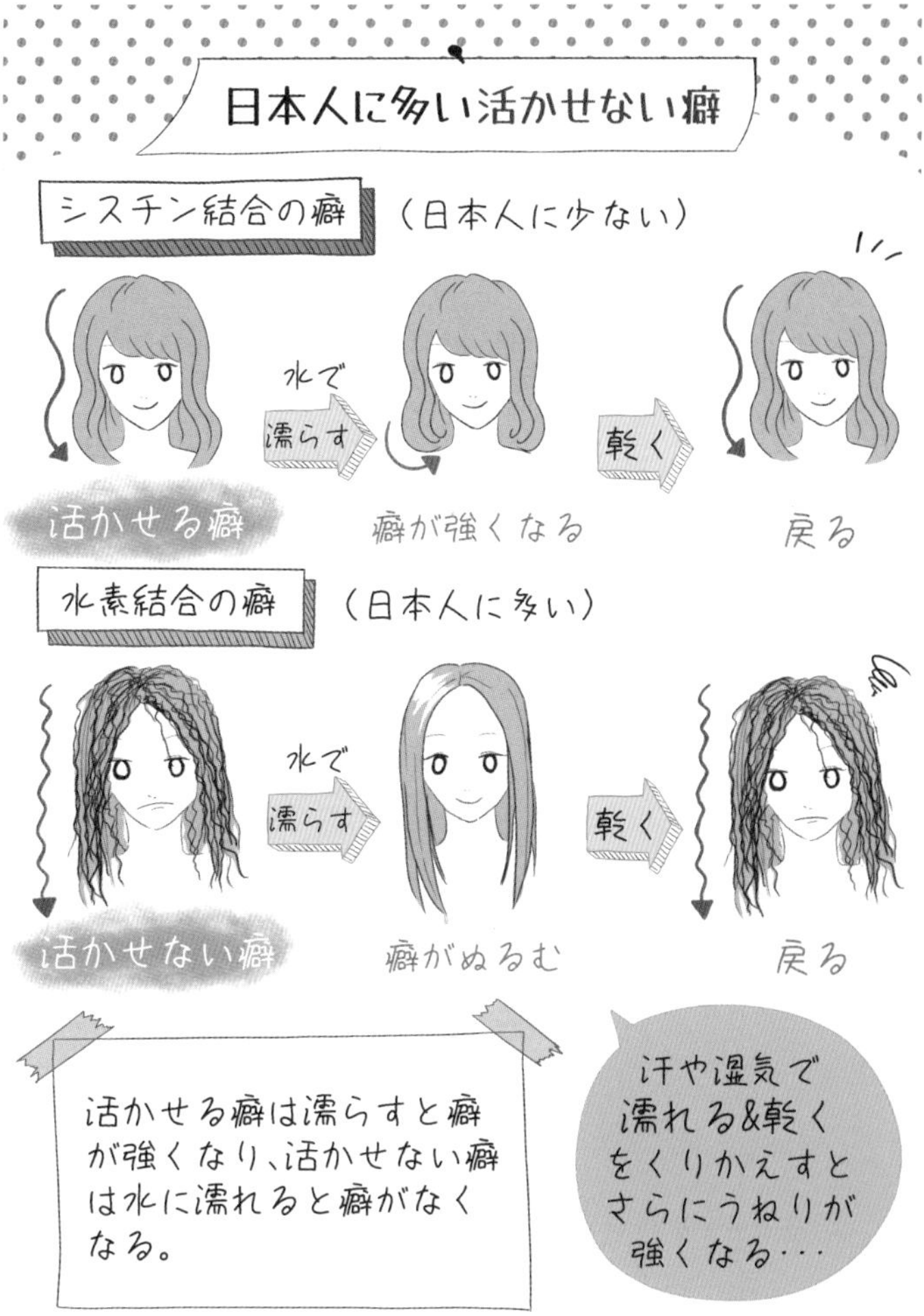
日本人に多い活かせない癖
シスチン結合の癖
（日本人に少ない）
水で
濡らす
乾く
活かせる癖
癖が強くなる
戻る
水素結合の癖
（日本人に多い）
水で
濡らす
乾く
活かせない癖
癖がぬるむ
戻る
活かせる癖は濡らすと癖が強くなり、活かせない癖は水に濡れると癖がなくなる。
汗や湿気で濡れる&乾くをくりかえすとさらにうねりが強くなる…

・その癖はどっち？

どちらの癖なのかを見極めるのは簡単なので、まずチェックしてみてください。

活かせない（水素結合の）癖100％の場合

髪を濡らせば水素結合がなくなるので、濡れた状態では乾いたモヤモヤやウネリの癖がないという方は活かせない癖が100％ということになります。

活かせる（シスチン結合の）癖100％の場合

髪を濡らすとくるくるっとした癖が出て、乾いてもカールが残り、モヤッとした癖が全く出ない癖の場合は活かせる癖が100％ということになります。

ただ、濡れて出る同じような癖でも根本から毛先まで均一なカールが出ていない癖は生活習慣による癖なので活かせない癖になります。

癖の種類が活かせる癖50％、活かせない癖50％の場合

濡れている時点では綺麗にカール感があり、乾かすとそれにプラスでモヤッとした癖が出てくるという方は、活かせない癖と活かせる癖が半分半分ぐらいということになります。

これは美容師目線の話ですが、ストレートパーマで伸ばせる癖と縮毛矯正じゃないと伸ばせない癖があります。

まずこの**ストレートパーマと縮毛矯正の違いがあやふや**になっているケースもありますが、根本的に違うのはアイロンを使うか使わないかです。

ストレートパーマの場合はアイロンを使いません。アイロンを使って伸ばして固定

した場合は、すべて例外なく縮毛矯正というジャンルになります。

お客様イメージで「縮毛矯正は痛むからストレートパーマのほうがいいのではないか?」というイメージがついてしまい、美容師側が縮毛矯正だと集客できないという負のループになり、本当は縮毛矯正なのに「縮毛矯正ではなくストレートパーマです」と言い切っている問題もありますが、定義はアイロンを使うか使わないかです。


ストレートパーマでとれる癖は、パーマ剤で変えることのできるシスチン結合の癖(活かせる癖)のみで、活かせない癖にはほとんど効きません。


要は、乾くと出てくるモヤモヤとした活かせない癖には、ストレートパーマは効かないのです。

活かせない癖を伸ばすには熱が必要なので、乾かした後にモヤッと出る癖の方は、縮毛矯正や髪質改善でしか伸ばすことができないのです。

そして大抵の場合、取り除いてほしい癖は活かせる癖ではなく、活かせない癖のパターンが多いので、本当にアイロンを使用しないストレートパーマというものは今はほとんど行われなくなりました。

逆にうねりやカールを抑えず、モヤッした癖のみを抑える髪質改善などが流行っているのも、この「活かせない癖」の方が増えているからなのです。

POINT
自分の癖を見極めることで対処法が変わってきます。

・その癖は生まれつきですか？

「そもそもその癖は生まれつきですか？」

これをお客様に聞くと、赤ちゃんの頃はくるくるだったとおっしゃるお客様が多いのですが、**赤ちゃんのときの毛髪は産毛スタートのため、基本的に皆さんくるくるです。**

ですので、赤ちゃんの頃というよりも、１度赤ちゃんの頃の産毛の毛先をカットした後の、小学生低学年ぐらいの髪の癖の状態が生まれつきの癖の状態（**カットしていない場合は、根本の癖**）ということになります。

（後の章で説明させていただきますが、その時点で**毎日縛っていたら、すでに生まれつきの癖ではありません**）

その頃真っ直ぐだったにもかかわらず現在癖毛の場合は、後天的にできた癖ということになります。もちろん女性の場合は、ホルモンのバランスなども考えられるし、過剰なストレスによる癖の変化なども考えられますが、小学生高学年から中学生にかけてずっと縛り続けたことによって一生癖毛になってしまうということもあるのです。

大人になってから出てきた癖が「**何故か浮いてしまう**」とか「**湿気でモヤモヤする**」「**昔は跳ねないところが跳ねてきた**」「**スタイリングしてもすぐ崩れてしまう**」「**スタイリングが以前よりもやりにくくなった**」などの方は多いのではないでしょうか？

普段のスタイリングを楽にするには生活習慣を正すことが必要になってきます。逆に言えば生まれつきなかった癖は生活習慣である程度直すことができるということです。

POINT
赤ちゃんではなく小学生低学年のときの自分の癖を思い出してみましょう。

・活かせない癖の原因

「水素結合の癖、湿気でモヤモヤする癖は活かせない」という説明をさせていただきましたが、もう１つ活かせない癖があります。

それは縛り癖など物理的に毛髪を変形させてしまった癖です。

元々生まれ持っているカールやウネリの癖は、髪質や骨格に合うので活かせるのですが、**物理的に生活習慣でつけてしまった癖は重力に反してしまい骨格の凹凸と違う**

動きをしてしまいます。

ロングの状態でバッサリショートカットをしに美容室に行ったが、ショートカットを断わられたという話をよく聞きます。

それは単純にその担当美容師自体がバッサリショートカットは怖いという場合だけではなく、美容師が本能的もしくは理論的に「この癖の状態でカットしたらまとまらない」と察知した場合もあります。

そのカットだけではまとまらないという癖こそが後天的な癖であり、生まれつきの癖ではないのです。

ロングの場合は縛っていることが多く、バッサリカットをするとその癖が出てしまうため、その癖に対応するカット技術やその癖に合わせたヘアスタイルの提案、もしくは縮毛矯正が必要になってきてしまうのです。

POINT
説明がなくとも、美容師が本能的にバッサリショートにしたらまとまらないと思っている場合も…。

・毛髪の内部は動いている

ではなぜ縛りなどで癖がついてしまうのか。

髪は死滅細胞ですが、実は内部は動いているのです。

第2章「**2種類の癖の結合の違い**」を説明させていただきましたが、パーマのかかる部分のシスチン結合は、別名ＳＳ結合とも言います。

ＳＳ結合というのはＳとＳがつながっている結合です。このＳＳを1度還元剤で切り離し、カールをつけ、もう1度その結合をつなぎ合わせるのがパーマの原理です。

実は通常時、そのＳＳすべてつながっているわけではなく、5％だけつながってないＳが存在しているのです。

この孤独なS単体が実は問題で、髪が湿気や汗などの水分を吸った状態で、4時間以上縛ってしまうと、そのSが他のSと結合してパーマと同じ原理で癖がついてしまいます。

要は4時間で髪が変形してしまうということが起きるのです。

毛髪は毎日同じ形をキープしていると、その形に変形して、その**新しい形に固定されてしまうという習性があるのです。**

ずっと同じところで分けているとその分け目が消えなくなってしまうという経験をした方は、多いと思いますが、S単体が存在するということも、1つの原因としてあるのです。

POINT

毛髪の内部は動いていて、4時間の縛りで変形してしまいます。

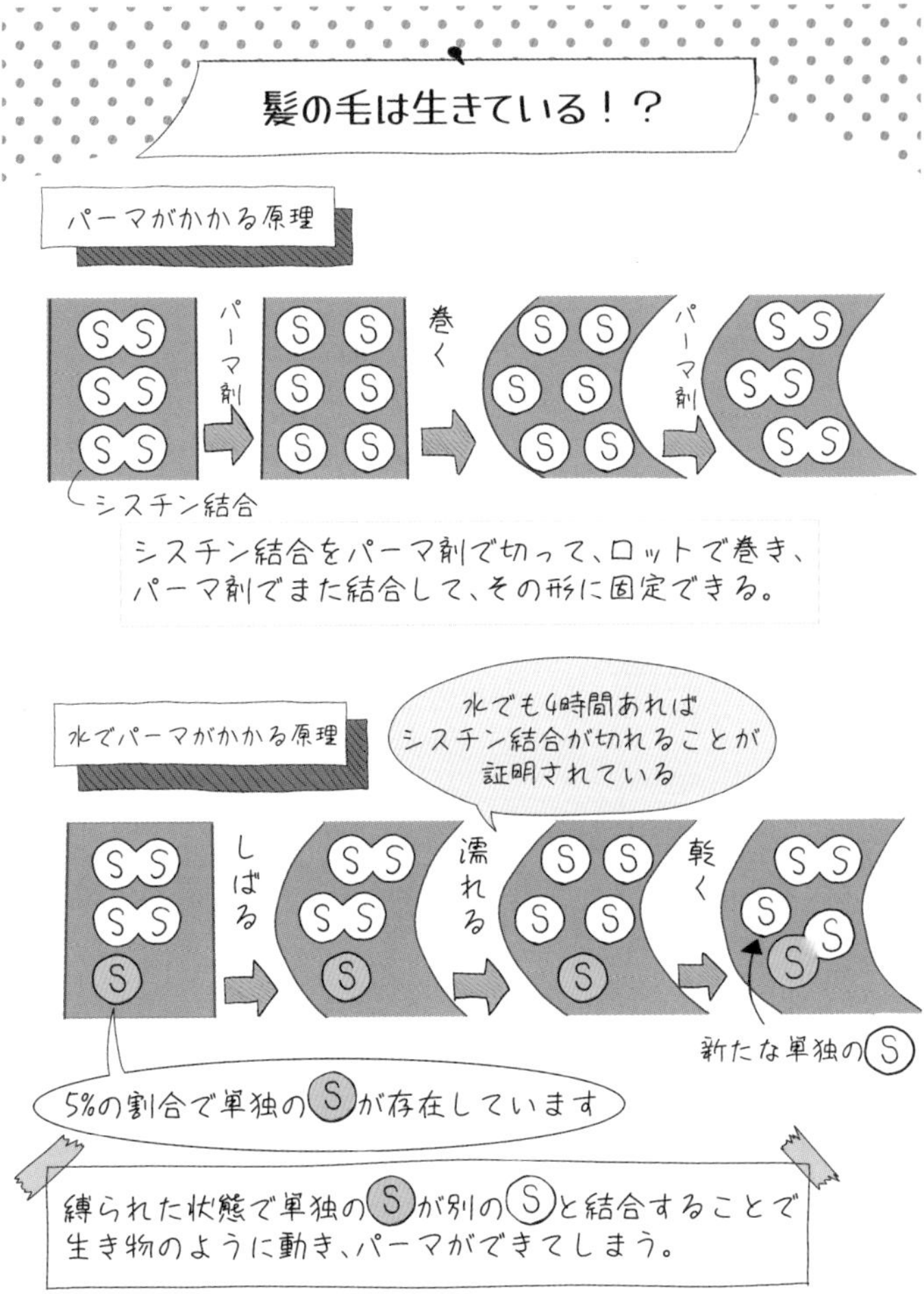
髪の毛は生きている！？
パーマがかかる原理
パーマ剤
巻く
パーマ剤
シスチン結合
シスチン結合をパーマ剤で切って、ロットで巻き、パーマ剤でまた結合して、その形に固定できる。
水でパーマがかかる原理
水でも4時間あれば
シスチン結合が切れることが
証明されている
しばる
濡れる
乾く
新たな単独のS
5%の割合で単独のSが存在しています
縛られた状態で単独のSが別のSと結合することで生き物のように動き、パーマができてしまう。

さらに具体的にいうと4時間縛って湿気を含んだ後に乾いてしまうとパーマがかかります。

・1日中強くゴムで縛り続けている方
・家で家事をするとき、ずっと縛っている方
・お風呂上がりの濡れたまま一瞬でも縛ってしまう方
・1日中帽子をかぶり家で帽子を脱いですぐシャンプーしない方
・仕事でキャップなどをかぶり働いた後、外して帰る方
・朝メイクや顔を洗う際、ターバンをつけたときの癖を取らない方

これらも分け目がつくと同様、毎日の習慣でこのS単体が他のSに繋がり蓄積し続けた結果、とても凝固で**縮毛矯正でも癖より取りにくい強力なパーマ**となってしまいます。

これらが、どういう風に癖がついていくのか…どういうことをしてはいけないのか…ということを次の章で説明させていただきます。

第3章

日本人の癖の9割は縛り癖（癖毛の習慣）

・縛り癖には4種類あり、縛り続けると100％ハゲる？

縛り癖といえば「ゴム跡がつく」という状態を皆さんは想像すると思いますが、実はゴム跡がつくだけという簡単な問題ではなく、4種類の原因が同時に起き最終的にスタイリングしにくい髪質になっていってしまうという状態に陥ってしまいます。

それが毎日少しずつの変化なので、縛り癖ということに気づかず「**年齢を重ねたら癖毛になってきた**」「**もともとこんな癖じゃなかったから髪質が変わった**」というような解釈になってしまいます。

縛り続けると癖が強くなり続けるのもそうですが、縛り続けることで薄毛にもなっていきます。

日本人に活かせる癖を生まれつき持っている方は、今までお客様の毛髪を見させていただいた限りですと30人に1人もいません。

　ですので、**ウネリがある癖毛の方の９割以上の方は縛りが原因で癖毛になっており、食生活でさらに縛り癖がつきやすく湿気に弱い毛髪になってしまっています。**

　縛り癖の中には縛ることをやめれば直る癖と、縛ることをやめても一生直らない癖に分かれます。そして個々に別の原因があり、それぞれ対処法も異なってきます。

POINT
縛りをやめれば直る癖と、一生直らない癖があり９割は縛り癖です。

・切れば直るゴムパーマ

　まず１つ目の縛り癖は**ゴムパーマ**です。

「ゴム跡なんてシャンプーすれば取れるでしょう」と思う方もいらっしゃるかもしれませんが、前の章でご紹介させていただいた通り、**パーマが作用する部分の結合、**

シスチン結合には遊び人（単体のS）が5％存在していますので、湿気などの水分に**より動いて乾いたときに固まる性質を持っています。**

パーマ剤で大抵の髪は10～20分でパーマはかかりますが、水でも4時間あればパーマはかかることが判明しています。

ということは空気中の湿気や汗でも、1日中縛っていれば充分にパーマはかかってしまうのです。

週に1回ぐらい縛っている方でも、問題になるレベルでゴムパーマが残っているので、**週に半分以上縛ってる方は相当問題になると思っていただきたいです。**

しかもこのパーマはかなり強力なので、通常のパーマよりもストレートで落ちにくいというのが特徴です。

毎日かけているパーマということになりますので、それはかなり強力なのがわかると思います。

さらにこのパーマはゴムを引っ張る力でゴムパーマの強さが増すのが特徴です。

ゴムでなく**バレッタやクリップもしくは引っ張る力のかかりにくい**シュシュなど、

さらには「**毎日違う場所で縛る**」「**毎日違うものを使う**」など日によって変えると効果的です。

また縛りをほどいてから乾くと強くかかってしまうという特徴があるので、ゴムを外したらすぐお風呂に入り、頭を洗うなどの対処が必要になりますので意外と阻止するのが大変だと思います。

これは通常のパーマと同じ原理でかかるものなので、ゴムパーマも同様**パーマがかかりやすい髪質の方はゴムパーマもつきやすく、パーマがかかりにくい髪質**の方はゴムパーマもつきにくいということになります。

食生活で栄養素が不十分な方はゴムパーマがかかりやすいので特に注意が必要です。

POINT
湿気や汗などの水分でもパーマがかかってしまうので、ゴムではなくバレッタやクリップにしましょう。

それ実は、ゴムパーマ

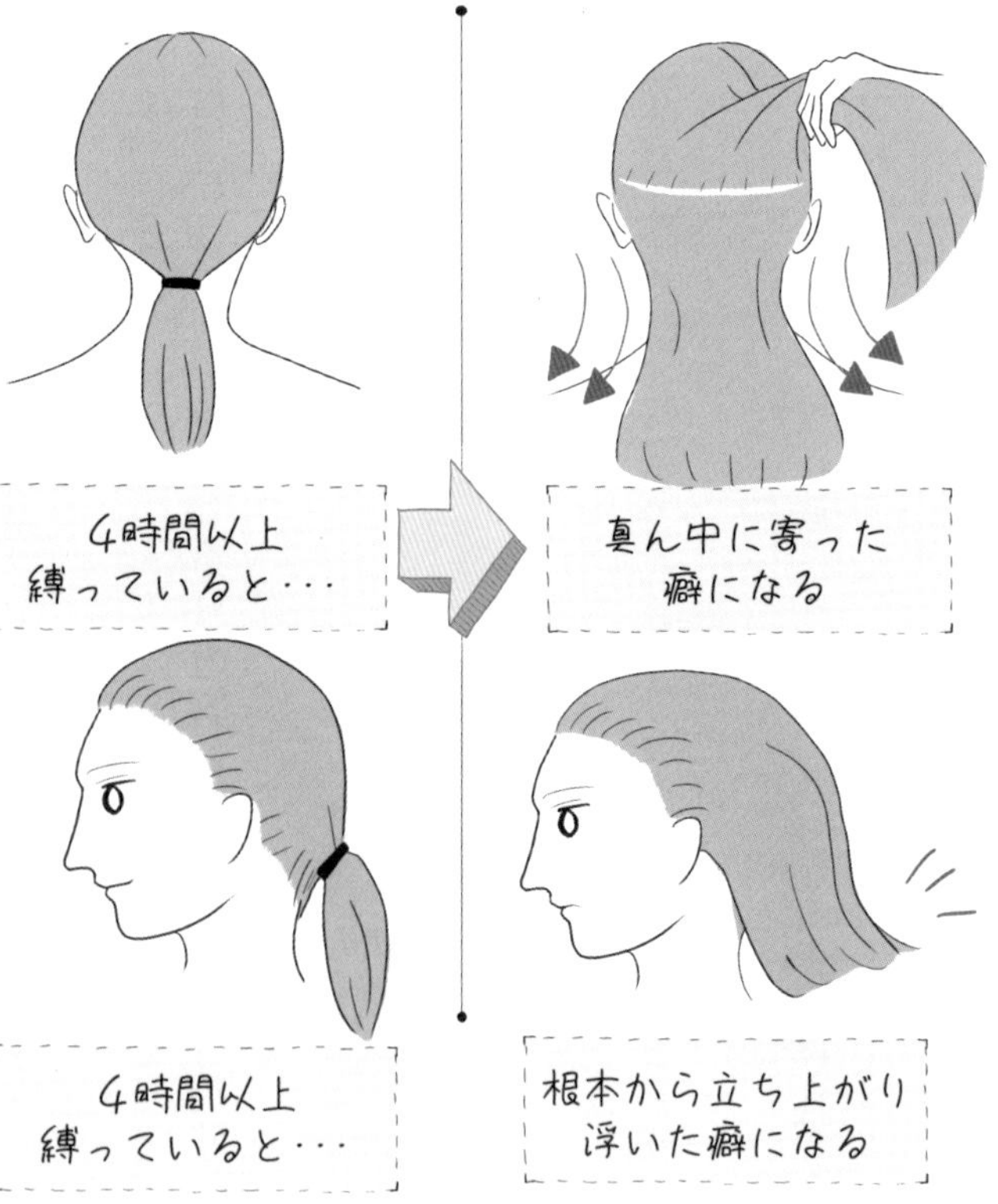
4時間以上
縛っていると・・・
真ん中に寄った
癖になる
4時間以上
縛っていると・・・
根本から立ち上がり
浮いた癖になる

・2回の縮毛矯正で直る根元の曲がり

根元が曲がってしまう縛り癖について説明します。

髪は伸びながら酸化して固まるという性質があります。

通常であれば毛穴の向きに生えてそのまま固まっていくのですが、縛っていると**縛っている方向に伸びながら固まって行きます。**


毛穴はつむじから放射状に向かって生えていますので、つむじから前半分の毛流は基本的に前に向かって生えています。

前に向かって生えているものに対して後ろで結んでいると、毛根の向きと逆の方向に固まっていくので、根本から曲がった状態で固まっていってしまいます。

髪は夜寝てるときにだけ伸びているわけではなく、常に伸びていますので、日中縛っている間も伸びています。

ですので、**日中縛っている間に伸びていき、後ろに曲がって固まってしまう**という問題が起きてしまいます。

例えば、前日まで縛っていてその癖を取るために、縮毛矯正をかけたとしても根本の根本からは、アイロンが入らず縮毛矯正はかけられませんので、通常1cm以上は地肌から離して縮毛矯正をかけます。

仕上がりは根本1cmぐらいの曲がりが直せない状態で縮毛矯正がかかります。

そうしますと伸びてきたときに、**縮毛矯正の部分と縮毛矯正がかかっていない根本の地毛の部分との繋ぎ目で、曲がりが生じてしまう**ので、3か月以上後にまたその部分に縮毛矯正をかければ、ようやく直るということになります。

ただこの場合、次の縮毛矯正をかけるまで縛らないのが大前提になります。

POINT

縛っている間も髪は伸びているため、曲がって生えてしまいます。

縛ると根元が曲がる！？

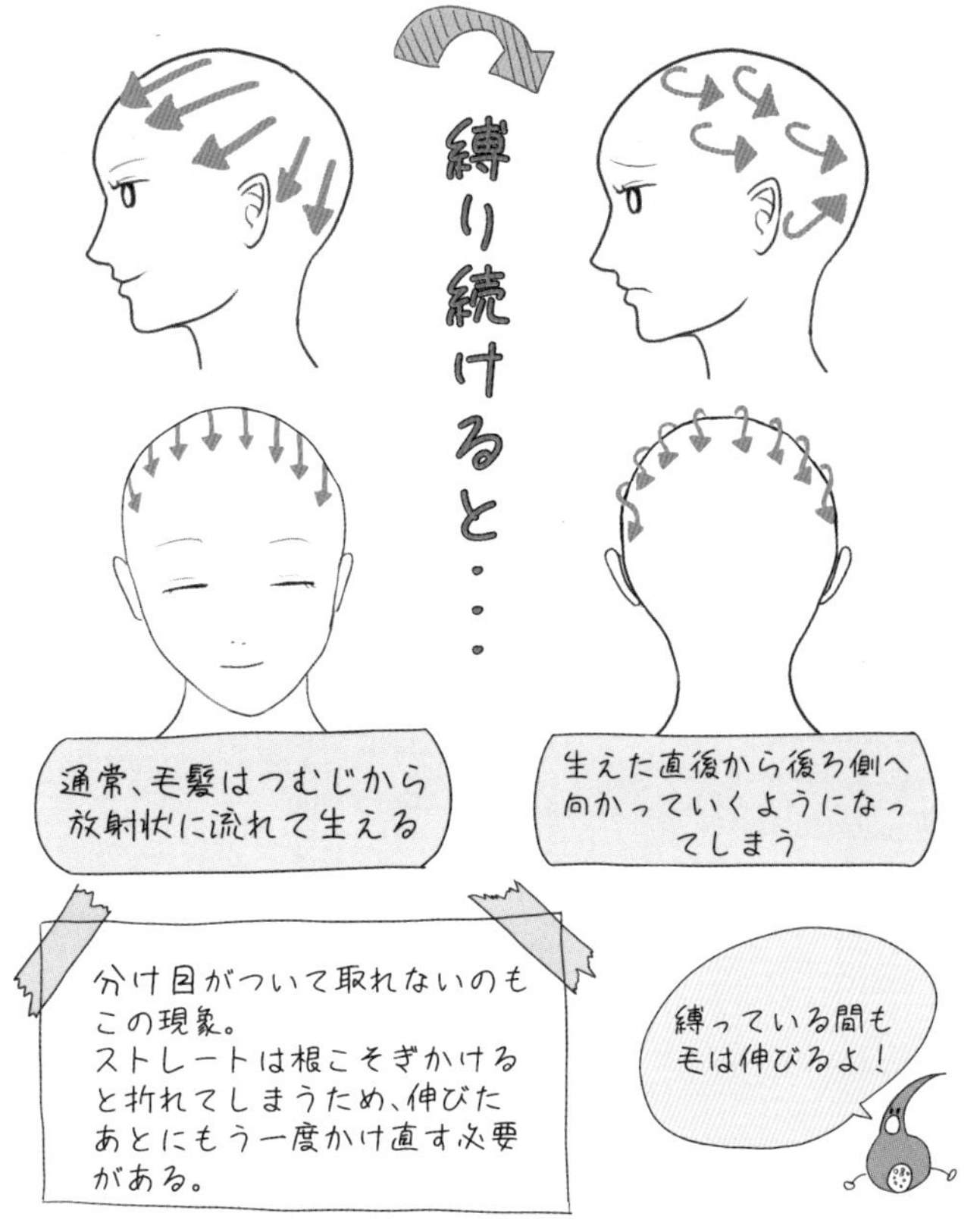
縛り続けると・・・
通常、毛髪はつむじから放射状に流れて生える
生えた直後から後ろ側へ向かっていくようになってしまう
分け目がついて取れないのもこの現象。
ストレートは根こそぎかけると折れてしまうため、伸びたあとにもう一度かけ直す必要がある。
縛っている間も毛は伸びるよ！

・切っても直らないチリチリ癖

癖毛の毛根は曲がっていたり歪んでいたりします。

髪は伸びていく間に酸化して固まっていくので、毛根が曲がっていると、曲がったまま生えて固まっていきます。

それが癖毛となって出てくる原理です。

髪の断面の円も歪んでいると、毛髪内部の水分やタンパク質のバランス崩れやすく、それがチリチリやウネリの原因にもなります。

そして実は縛り続けていると、もともとストレートヘアだった髪も物理的に円の歪み状態が起きてしまいます。

毎日強く逆方向に引っ張り続けたら、さすがに毛根は曲がりますし、円も楕円になったりイビツになったりしてきます。

例えると、ピアスの穴を広げていく作業で、ピアスの穴を毎日引っ張り続ければピアスの穴は長く伸びると思います。

それと全く一緒で毎日強く髪を縛り続けるということは、毛根を毎日少しずつ曲げ続けるという行為になってしまいます。

子どもの頃に縛り続けて毛根を曲げてしまった場合は、もしかすると徐々に直ってくれるかもしれませんが、30代40代のときに曲げてしまうと流石にもう戻りません（経験上になりますが、今までのお客様で毛根が戻った方は十代前半のお子様だけでした）。

チリチリに生えてくるようになってしまった髪の毛はずっとそのままということになりますので、どうしても縛らなければいけない場合は、毛根から強く引っ張らず優しく縛ることをおすすめします。

余談ですが、白髪がチリチリ生えてくるとおっしゃられるお客様が稀にいらっしゃいます。

それは、白髪がチリチリしやすいわけではなく、**たまたまチリチリしてしまっている毛が白髪に変化した、もしくは真っ直ぐな白髪だったのがチリチリに変化しただけです。**

白髪の動きは黒髪よりも目立つので、チリチリが気になるのです。

実際白髪自体は、メラニンが入っていないためキューティクルが強くしっかりした毛髪で、ピンと立ちやすいしっかりした髪になりやすいのです。

そして白髪はキューティクルが強いため、**白髪を抜いたりしたときには毛根を傷つけやすくなります。**黒髪でも抜いたら毛根が傷つくのに、白髪はさらに毛根が傷つきます。なので、白髪が生え始めたころ白髪を抜いていた方は、次生えてきた白髪がチリチリしてしまうということも十分あり得るので、できるだけ白髪を抜くのはチリチリ防止のためにも避けていただいたほうが賢明です。

POINT
縛り続けると毛根が曲がってしまい、チリチリの髪の毛が生えてくるようになってしまう。

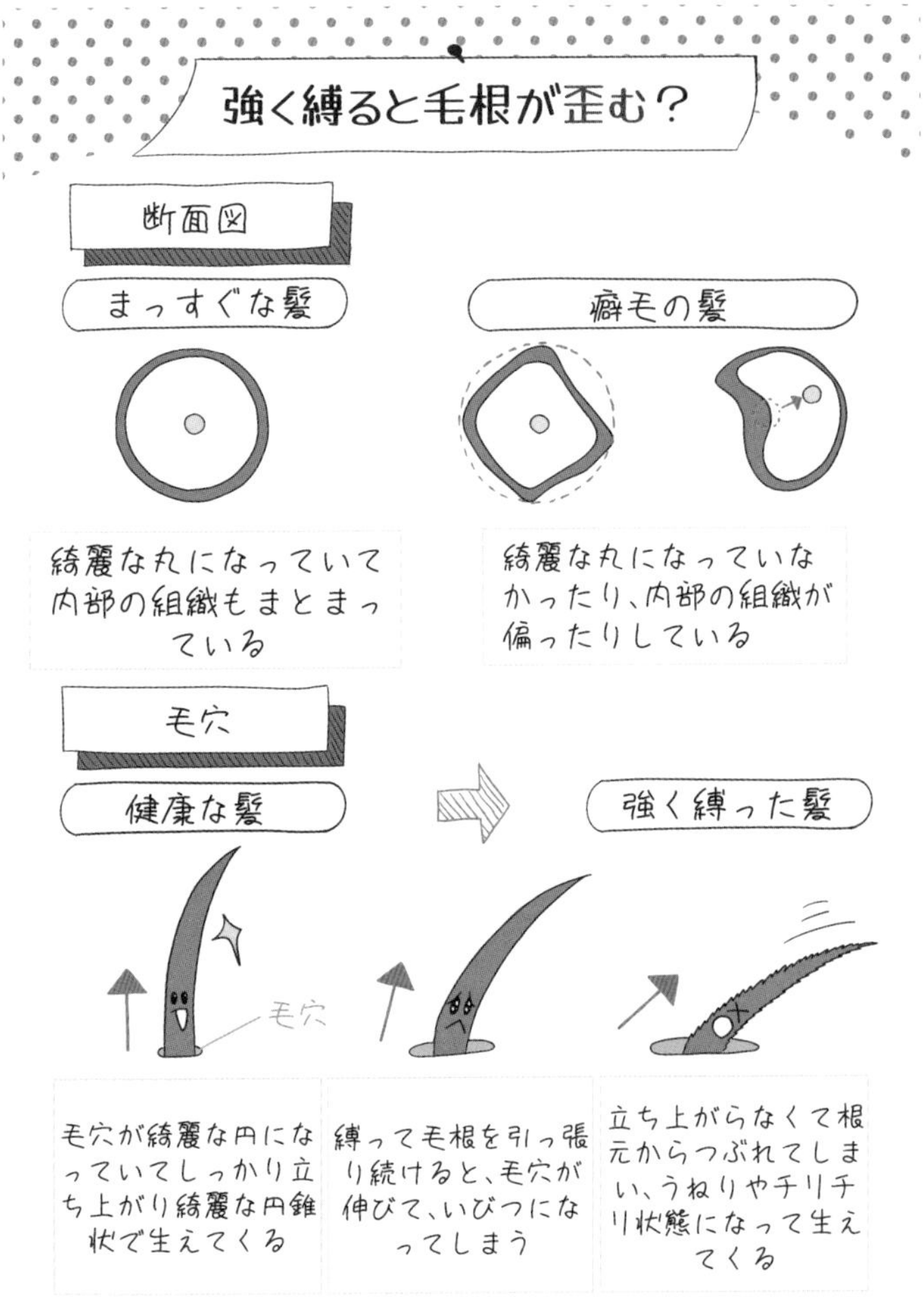
強く縛ると毛根が歪む？
断面図
まっすぐな髪
癖毛の髪
綺麗な丸になっていて内部の組織もまとまっている
綺麗な丸になっていなかったり、内部の組織が偏ったりしている
毛穴
健康な髪
強く縛った髪
毛穴
毛穴が綺麗な円になっていてしっかり立ち上がり綺麗な円錐状で生えてくる
縛って毛根を引っ張り続けると、毛穴が伸びて、いびつになってしまう
立ち上がらなくて根元からつぶれてしまい、うねりやチリチリ状態になって生えてくる

・一生直らない毛根の角度と浮き癖

この縛り癖が**1番ヘアスタイルにも響き、不可能なヘアスタイルができてしまう縛り癖です。**

更にこれになっている方は自分が年々**悪い状態**になってきているという縛りが原因だと自覚していないケースが殆どで、**何故かヘアスタイルが決まらない、まとまりにくい、若い頃のようにはいかない**…といった状態がずっと続きます。

強く何年も何年も縛り続けていると「毛根の角度が少しずつ上がってきてしまう」という縛り癖です。

前に向かって生えている毛根を、後ろに長い年月をかけ少しずつ引っ張り続けた結果、毛根が立ってしまうのです。

職業柄強めにまとめて縛らなければいけない皆さんが必ずなっている現象ですが、

そのときはロングなので「**ちょっと頭が四角くなるなぁ**」ぐらいにしか考えていなく、**生まれつきだと思っている方も多く**いらっしゃいます。

10年間縛り続けると、頭皮と並行を0度として45度ぐらいの角度になっていき、20年以上縛り続けると90度ぐらいまで立ってしまいます。

トップよりも**ハチ周り周辺の毛髪は90度に立ってしまい、頭が四角いシルエット**になってしまいます。

後ろの髪の真ん中より上の部分は、ボリュームが欲しい部分ですが、**下に引っ張って縛っているため、逆に立たずに下に寝たままになります。**

耳より下のボリュームが出て欲しくない部分**や、襟足あたりの**浮いたら**困る部分は、90度に立って**しまい**収まらなくなってしまいます。**

さらにはその部分にゴムがあるので、横の部分は横に、ゴムの部分はグニャっとなり、とにかくゴム周辺の髪はグニャグニャになって、本当にまとまらなくなります。

そうなってしまうと、正常なトップの毛髪を長めに残し、癖を隠すしか方法がなくなってしまうので、「**どこの美容室に行ってもショートにしてもらえない**」「**ショート**

の写真を見せているのにボブになってしまう」という現象になってしまうのです。

これをお客様や美容師さんは、癖毛と一括りにしてしまいますが、詳しくお話をお伺いすると、「**若い頃はこんな癖はなかった**」と仰っています。

そして、実はずっと縛っていた、もしくは縛ることが当たり前過ぎて縛っていることに気づかないという方も大変多くいらっしゃいます。

もちろん個人差はありますが、通常は毛根は前に倒れています。

ずっと縛っていて「**なぜかハチの部分が浮いてしまう**」とか「**襟足付近が浮いてしまう**」などのお悩みがある方は、1度家族とか友達に毛根の角度を見てもらったり、見比べたりするとわかりますし、頭の形が特に似ている親族と比べるとさらにわかりやすいので一度チェックしてみるのもいいと思います。

POINT　20年縛り続けると、ヘアスタイルは真四角で浮いてしまい一生直らなくなってしまいます。

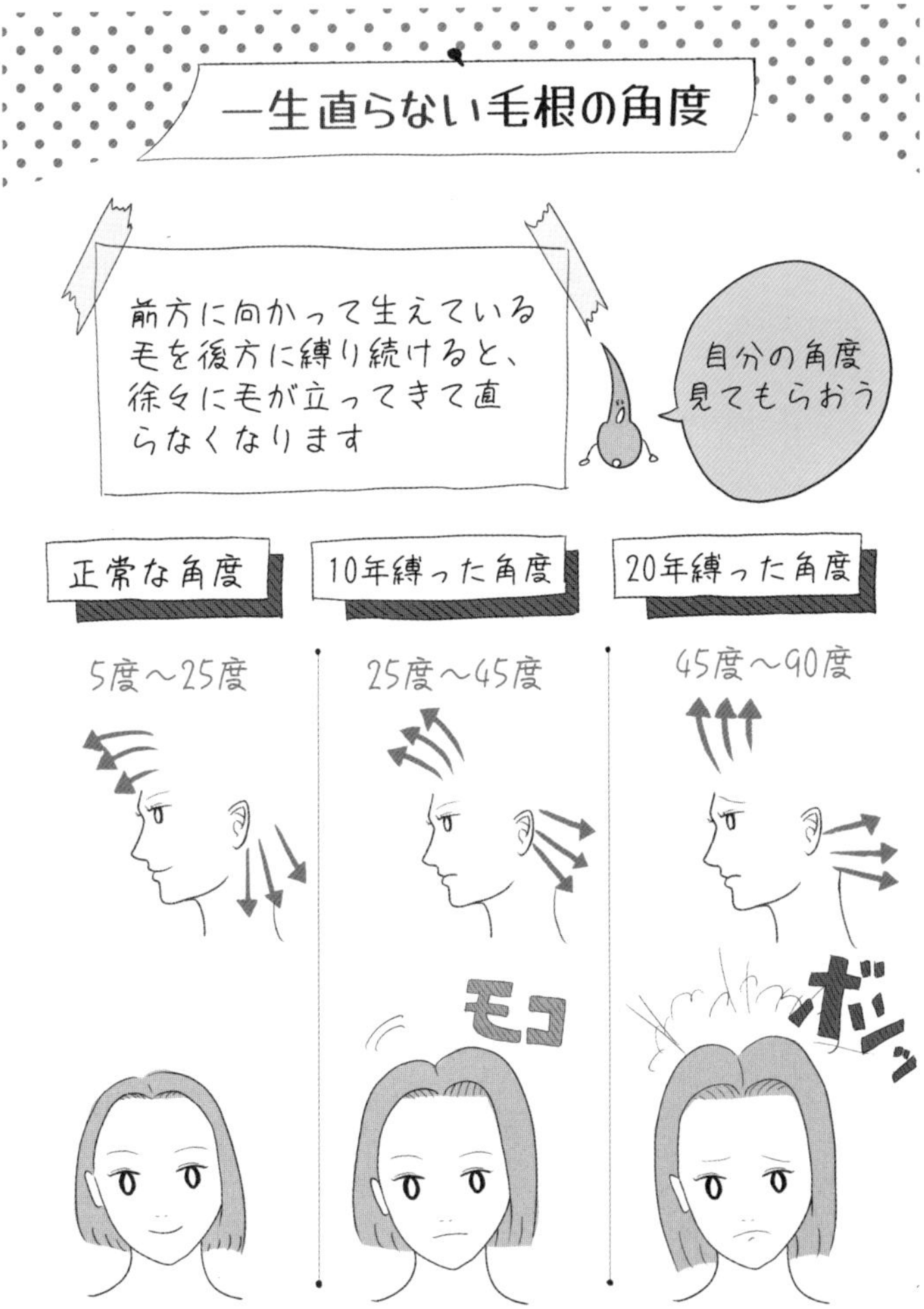
一生直らない毛根の角度
前方に向かって生えている毛を後方に縛り続けると、徐々に毛が立ってきて直らなくなります
自分の角度見てもらおう
正常な角度
5度～25度
10年縛った角度
25度～45度
モコ
20年縛った角度
45度～90度
ボッッ

・1年間縛り続けたお客様の体験談

ここで、お客様の体験談を1つ共有させていただきたいと思います。

そのお客様は10年以上ショートでした。

そして、娘様がご結婚することになり結婚式のため1年半伸ばしました。

そのお客様は体を使い汗をかく仕事をしていらしたので、髪が邪魔で強めに縛って仕事をしていました。

その後、結婚式も終わりバッサリショートにしたとき、**すべて垂直に立ってしまうどころか、反り返るような癖毛になってしまいボブにもできず、下半分をすべて刈り上げることになりました。**

縮毛矯正はやりたくないし今すぐ切りたいとのことでしたので、カットして伸ばしてを繰り返して少しずつ直していったところ、すべて入れ替わるのに1年以上かかり、最終的に反り返りは少し収まったのですが、縮れやウネリが一生残ることとなってしまいました。

1年縛っただけでも、明らかに元々の髪質に戻れることは2度とありませんでした。

伸ばしている間も、お客様には忠告はしていたのですが、暑いから無理と言うことで仕方なく縛るしかなかったという状態でした。

この問題に関してもやはり頭の外の襟足よりも下のほうで縛る、緩く縛る、縛る位置を毎日変える、バレッタなどでとめるなどの対処が必要になってきます。

POINT
1年間縛り続けるだけでも、一生直らない癖毛に悩まされることも…

・縛りをやめても跳ねる人、癖が直らない人の特徴

一生直らない癖がついてしまったとはいえ、流石に縛りをやめれば縛っていた直後よりも収まりはよくなり、ある程度跳ねや浮きは少なくなってきますので、カットで

どうにかできるようになってきます。

ですが、縛りをやめても縛りをやめる前よりはよくなったものの、「それでも何か変な癖があるな…」というお客様が稀にいらっしゃいますが、この原因を突き止めたところ、実はお風呂の後のタオルが原因ということが判明しました。

ショートやボブや肩下のミディアムぐらいの長さなのに、お風呂上りにタオルを巻いてしまっている方が稀にいらっしゃいますが、**タオルを巻くと襟足はグニャッとなり、表面の髪の毛も外側に折れます。**

ちょっとでも癖毛の方はロングでもこれが露骨に出てきてしまいます。

タオルターバンやターバンをして、その間にお顔のお手入れなどをして、大抵5分ぐらい巻いてしまっていると思います。

その後乾かしながら手で直したとしても、根元周辺は少し渇いていてもう形がついてしまっています。

1日の始まりは朝ではなく、お風呂の後です。そこで癖をつけてしまった状態で

１日がスタートするということになり、さらには女性の場合、朝スタイリング時、頭全体に水をかぶることをしない方が多いので、**そこに寝癖も蓄積していき、さらに癖毛レベルが増してきます。**

このタイプのお客様の特徴は毎回美容室に来るたびに癖の具合が違うということです。

さらには**襟足上あたりを真っ直ぐめくったときに、**癖の部分と癖がない部分とランダムになっている特徴があります。

もしタオルターバンをしていたとしても、**タオルを外した後にまずは下からクシでしっかり梳かし、さらに両サイドから梳かし、最後に上から梳かす**という手間をしていれば問題ないのですが、まずそこまでしていただける方はなかなかいらっしゃらないですし、その手間のほうが大変だと思うので、ショートの場合は肩にタオル置くようにする。

乾かし始めるのが遅くなる…もしくは自然乾燥になってしまう方は、しっかりその時点で梳かしておき、濡れたまま状態で内巻きなのか外ハネなのか、しっかり形をつくっておくということが理想です。

ロングの方は上からタオルで、捻っておくという状態が理想です。

毎日のお風呂後の習慣を変えてみると、毎日のスタイリングが楽になりますのでぜひ気にしてみてください。

この癖に似たパターンで「仕事中帽子やヘルメットをかぶる」「ヘアバンドをつける習慣がある」「ピンを止める習慣がある」なども同様です。

髪の毛を動かしてとめておく行為はすべて癖になりやすいので、汗や湿気などで濡れてしまった場合は外した後乾いてしまうと、**さらにその癖がつきやすくなってしまうため、外したと同時に濡らして癖をとるという習慣**をつけることが理想です。

POINT

お風呂後のタオルで巻くのはやめましょう！

タオルターバンの正しい巻き方
NG
お風呂上がりは、ヘアスタイルの1日のスタートです。5分でも巻いてしまうと根本は折れ曲がって癖がついてしまいます
おすすめ
1 髪を前に出す
2 タオルで包む
3 一緒にねじる
4 反対側もして完成
ショートの場合は肩にタオルを置き
癖毛の場合は内巻きに梳かしておく。

・ゴムの摩擦は大根にノコギリ

なぜか後ろの表面の毛髪だけが、毎回すごく傷み続けるお客様が稀にいらっしゃいます。

ある一部分だけ毎回傷み続けるということはまず起きないことなので、詳しく**生活習慣**をお聞きしたところ、ゴムによる摩擦が原因のダメージでした。

昔の電話線みたいなゴムや、やわらかいシュシュみたいなゴムであれば、そこまで摩擦は起きないと思いますが、**通常のゴムですと何周かさせて、ギュッと縛ったときにゴムがずれ込んでいくと思います**。

その摩擦がダメージになってしまうのです。

キューティクルの粒子はとても細かく繊細です。反対にゴムの粒子はキューティクルと比べてとても荒く、**キューティクルが大根だとするとゴムはノコギリ並みの粗さです**。

それを強く縛るということは毎日大根をノコギリで縛っているのと同じということになり、さらに濡れた状態で縛ったり汗で濡れたりしてしまうと、更にダメージは増し、**縮毛矯正やブリーチなどの履歴がある髪の方が抵抗力が弱く特に影響してきます。**

濡れた髪は強度が極端に下がり弱くなってしまうのです。

家で軽く縛るぐらいのときはできるだけ**ゴムは使わずバレッタやクリップなどを使って髪を止めるといいでしょう。**

POINT

毎日、通常のゴムで縛ると摩擦でダメージの原因になってしまいます。

・縛り続けると確実に薄毛に…

この現象は**髪の同じ部分を抜き続けると**その部分が傷口となり、毛髪が二度と生えない状態に癒着してしまうことで起きます。

例えば、頭の手術をしたときや大怪我をしたとき、その傷口に髪が生えなくなるという状態を見たことがある方もいらっしゃると思います。

それがまさに癒着の状態で、**傷口を治した結果皮膚が固まってしまい、毛根がなくなり二度と生えなくなってしまうということが起こりますが、縛っていても同様のことが起こってしまいます。**

1番薄くなるのは、顔周りと分け目の部分なのですが、ここの部分に1番重さが乗ってきて毛根の負担になるということと、縛る動作のときに一番外側になる部分なので物理的に抜けやすくなります。

1日1本や2本だとしても年間で360本にもなりますし、縛る回数が1日3回とかになるとそれが3倍になります。

髪は10万本あるとは言え、分け目や前線の部分という少し薄めのところだけで、1年間300～1000本が抜けるということになると流石に次が段々と生えてこなくなり、分け目や前髪、こめかみ部分が薄毛になっていってしまうのです。

「私髪が多いから別にちょっとぐらい薄くなってもいいの…」という方が意外と多

くいらっしゃいます。しかし、逆に髪の多い方のほうが気にするべきです。

それは髪の多い方のほうが男性ホルモンが多く、**女子男性型脱毛症の可能性も高く**なるからです。女子男性型脱毛症とはもともと４年から６年で抜け変わるはずの毛周期が短くなってしまい、細くなり伸びなくなり薄くなる現象です。前髪がカットしていないのに伸びない、トップがすいたみたいにスカスカになってしまうなどのお悩みがある方は、この女子男性型脱毛症に当てはまる可能性があります。

その場合、薄くなるのはやはり前髪と頭頂部です。縛りで薄くなる部分と女子男性型脱毛症で薄くなる部分が一緒なので、毛量が多い方のほうがさらに注意が必要になります。この女子男性型脱毛症で毛周期を縮めないようにするということに関しては第四章から説明させていただきます食生活が重要になってきます。もう密度が薄くなってしまった方は、早めであれば最新の技術で戻すことも可能になってきました。

POINT

結び続けると確実に薄くなっていきますので気をつけましょう。

縛ると前線が薄毛に・・・

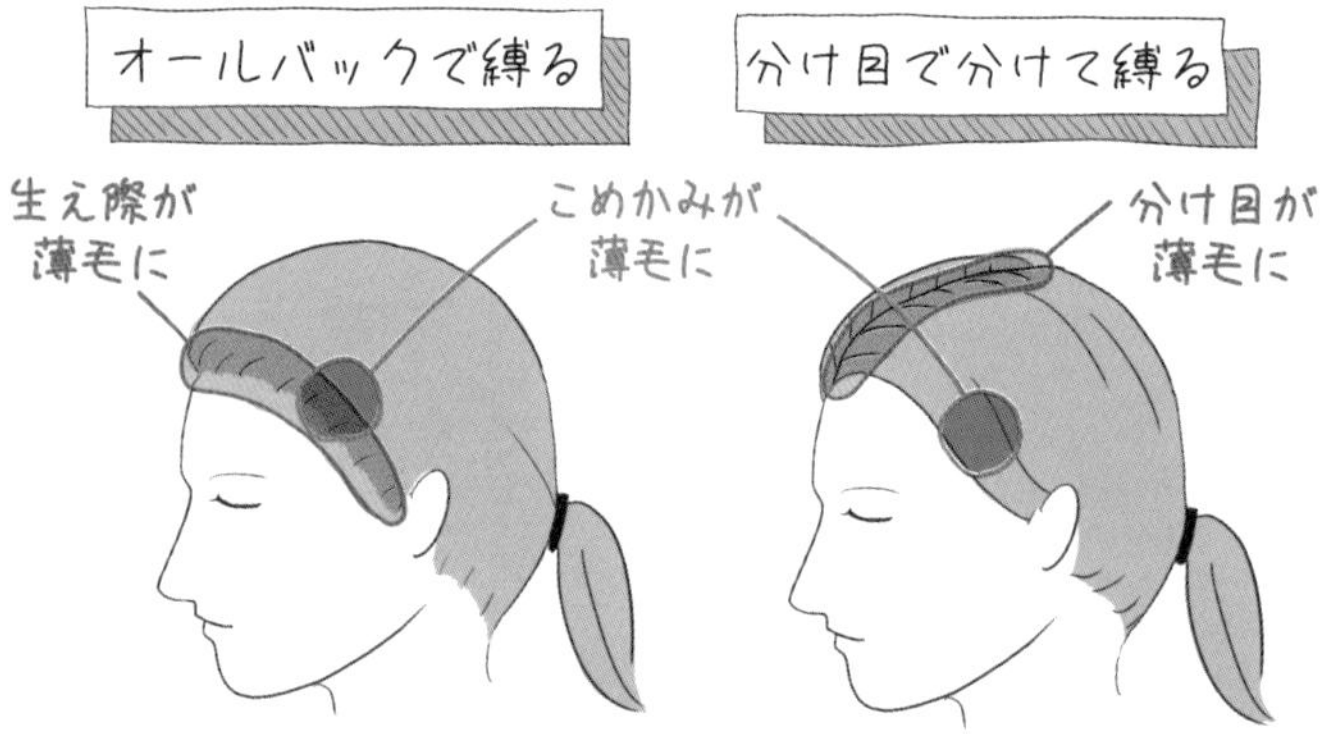

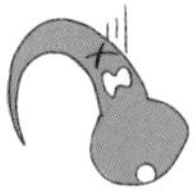
どちらにせよ薄毛になる〜

生え際の部分や分けている部分に負担がかかります。毎日強く縛ることにより、もつれて物理的に抜ける頻度が増え、その部分が傷となり、それを何度もくりかえすことで毛穴が癒着し、2度と生えない状態になってしまいます。

・若いうちに縛ってた薄毛は60代に到来

癒着で毛髪が生えてこなくなるということですが、流石にすぐに薄毛にはなりません。

20代30代40代に縛っていたツケがたまり、**60代になり毛周期が短くなり急に薄毛になります**。ですので、縛っている時点では全くと言っていいほど薄毛になる予兆は無いのです。

毛量が多い方ほど抜け毛を気にせず**力ずくで縛っているイメージ**がありますが、どんなに毛量が多くても**頭頂部や顔周りはそこまで多くありません**。

しかも**毛量が多い方ほど男性ホルモンが多い可能性が高く**、女子男性型脱毛症（誰でも起こりうるホルモン系の脱毛症）になる確率も増えるので、**毛量は多い方こそ気にするべき**だと思っています。

薄毛になってしまってから、隠せなくなりショートにしたとして、そこから10年経ってもやはりその部分は二度と生えてきません。

ちょうど剃り込み下の部分、こめかみの後ろの出っ張って生えている辺りが、一番負担がかかりやすく、その部分に500円玉ぐらいの大きさの薄毛が両サイドにできてしまう方もいらっしゃいます。

そして**毛穴にも異変**が起きます。引っ張られ続けた毛根は痛みすぎて萎縮してしまいます。もともと毛穴はしっかり余裕持って開いています。その開いている状態が健康な状態なのですが、縛り続けると引っ張られすぎて地肌が痛み、毛根が萎縮して毛穴の開きがなくなります。

元々1つの毛穴から2本3本、多い方で5本以上生えているのですが、縛り続けることで頭皮が硬くなり、毛穴にその余裕がなくなり、薄毛になっていきます。これは、脅しているわけでもなく本当になってしまうのです。この部分がなくなるとショートにしたときに、下の重さになる部分がないので、顔周りに段を入れられなくなってしまいます。

段を入れてしまうと下のラインがスカスカになり、収拾がつかなくなるためです。

顔周りに段が入らないと、**見た目の印象が重い感じに見えてしまい、さらには頭頂部の髪が長いため潰れてしまいシルエットが四角くなってしまいます。**

縛り癖をすべてまとめると、**前髪の横の部分は後ろに引っ張られ前髪が開き、分け目と顔周りが薄くなることで頭頂部は倒れ、比較的元気なハチ部分は90度に立ち上がり、後ろのボリューム欲しい部分は下に引っ張られ潰れてしまい、耳下の襟足部分は癖がグニャグニャでボリュームが出てしまう**という おにぎりシルエット になります。

非常に扱いにくい状態になってしまいますので、今すぐにでも縛り方を気を付けるようにしましょう。

もうなってしまった方の対処法は、ハチ上以外の内側に自然な縮毛矯正をして下のボリュームを抑えて菱形シルエットになるようにするといいでしょう！

POINT

前方と頭頂部は薄毛になり、トップは長くおにぎりシルエットに…

縛り続けた末路…

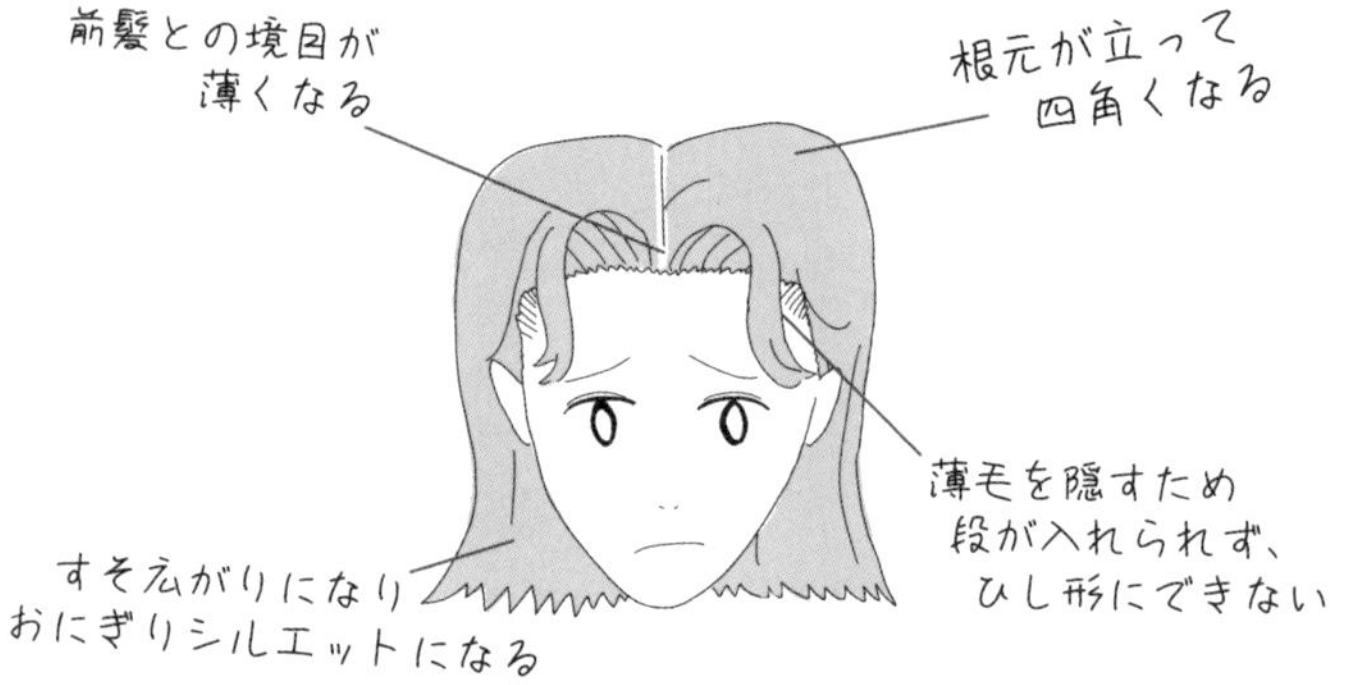

前髪との境目が
薄くなる
根元が立って
四角くなる
薄毛を隠すため
段が入れられず、
ひし形にできない
すそ広がりになり
おにぎりシルエットになる

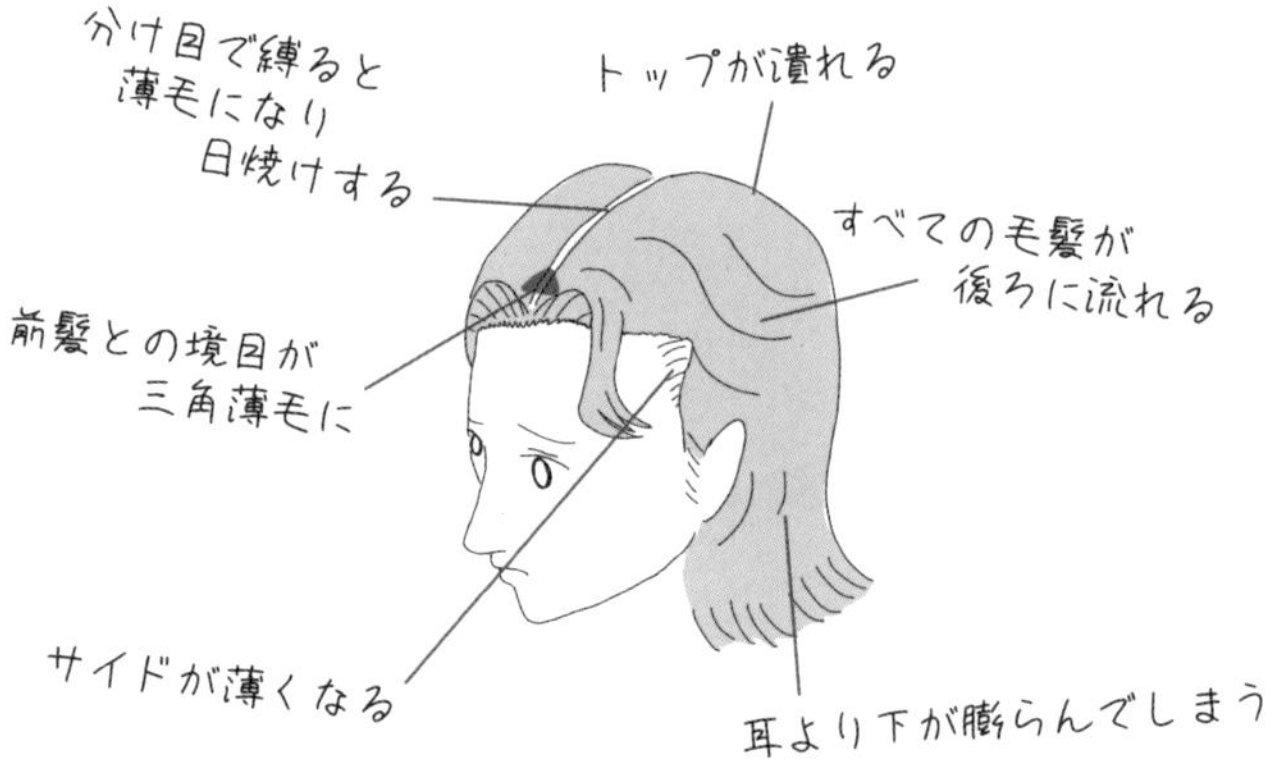

分け目で縛ると
薄毛になり
日焼けする
トップが潰れる
すべての毛髪が
後ろに流れる
前髪との境目が
三角薄毛に
サイドが薄くなる
耳より下が膨らんでしまう

・白髪は抜くとハゲる

『白髪は抜くと増える』という迷信を聞いた方もいらっしゃると思いますが、白髪は抜いて増えるわけではなく、ハゲてしまいます。

縛り癖でも述べた通り、毛根が癒着するからです。

白髪は同じ場所から生えます。そうしますと同じ場所を毎回抜くことになり、何回も同じ場所を抜いてしまうとその部分が傷となり癒着してしまうのです。

問題なのは毛穴から**1本しか生えていないわけではなく、人によっては2本〜5本、多い方で7、8本**生えている場合もあります。

その髪も一緒に生えなくなります。

60代まで抜き続けた方を、何名か見てきましたが、皆さん症状は一緒でパチンコ玉よりも少し小さいぐらいの全く生えてない部分が、頭の至る所に無数にある状態になってしまいます。

そうなってしまうと、どんな育毛や技術でも生やすことはできません。

何回も抜かなければ薄毛になることはありませんが、**白髪はキューティクルが強いため抜いたときに毛根を傷つけます**。

初めは真っ直ぐな白髪だったにもかかわらず、抜いてしまったことにより、縮れた白髪が生えてきてしまうということがあります。

それは毛根が傷ついてしまったからです。無理やり抜いて毛根が変形してしまったため、**一生縮れた髪の毛が生えてくる可能性も高い**です。

今では白髪をぼかせるファッションカラーや便利なトリートメントカラーなども出てきているので、白髪は抜くのではなく染めたり活かしたりして行くのがいいのではないでしょうか。

POINT
白髪を抜き続けると、無数の円形みたいな、まだらな薄毛になってしまいます。

第４章

何を食べるかではなく何を食べないかが重要（美髪と食事）

・美髪に必要なことは消化吸収できるかどうか

この章では美髪に必要な食生活について書いていきたいと思います。

食生活を正すということは縛り癖がつきやすい髪質や、湿気に弱い髪質にならないようにするだけでなく、薄毛や白髪にも親密に関わってきます。

さらには、食生活で癖毛になっている方がとても多いのも事実です。

近年、食生活の欧米化で生活習慣病が増えていると言われていると思いますが、まさに髪の毛は健康のバロメーター。食生活の状態や不摂生が1番初めに出てくるのが毛髪です。

というのも、毛髪には不要物の排出の役割があります。

覚醒剤の疑いがある芸能人が、毛髪をバッサリカットしたというニュースが昔ありましたが、それぐらい排出に重要な役割をしていますので、薄毛の方ほど寿命が短いとも言われています。

そして、**毛髪は血余でできている**と東洋医学では言われています。

要は栄養に満ちた血液が十分に余っていないと、髪まで栄養が行き渡らないということになります。

10代の頃は内臓が健康で体の修復などに栄養を使われることはなく、しっかり体の成長に栄養が使われるので、髪にも栄養がき行き届きしっかりした髪が生えてきます。

10代の頃は多少食生活が悪くても（悪すぎる方は10代でも影響出ていますが）、髪の状態が悪くなるということが起きにくいのは、**内臓が健康**だからです。

年々内臓は弱っていき40歳過ぎた頃には10代ほど健康体ではなくなっていますので、少しずつ体の修復に使われる栄養の量が増えていき、栄養が余らなくなり、髪に影響が出てくるということになります。

そして長年お客様の髪質を見てきた結果、一番重要なことは、タンパク質とミネラルをしっかり取るということは言うまでもなく、そもそも消化できるかどうかが重要ということがわかりました。

やはり欧米食には消化吸収しにくい食べ物が多く、日本食は消化吸収しやすい食べ物が多いので、簡単に一言で言えば日本食を食べましょう！　ということになります。

POINT

40代以降は消化吸収しやすい食べ物を選ばないと髪質は悪くなります。

・髪質は腸で決まる

栄養が消化吸収しにくいということは、その食材の栄養がたとえ多くても、完全に栄養分を吸収できないということです。

いくらタンパク質含有量やミネラル含有量が多い食材であっても**消化吸収しにくい食材ですと、完全に栄養を吸収できないだけでなく、腸に溜まってしまい炎症が起き**

て、腸の状態が悪くなってしまうということが起きます。

腸の状態が悪くなってしまうとさらに、消化しやすい食材でさえも消化しにくい状態になってしまうという、悪循環になります。

逆に言えば髪が綺麗な方は腸の状態がよく、腸は抵抗力を決める重要な役割もあるので、病気や風邪にもなりにくいのです。

ウソのようで本当の話なのですが、実際あったお客様のお話をしたいと思います。

長年担当させていただいている、髪型がロングのストレートで太くしっかりしていて艶のある40代後半のお客様が「癌になってしまいました」と報告がございました。

今後手術もするし抗癌剤も使用するので、髪がなくなるとのことでした。

それで今回バッサリショートにするか2回に分けて今回は鎖骨ぐらいのミディアムにするか、という相談でした。

その方は見るからに健康な髪質で食生活もいいだろうということで、少しお聞きしたところ食生活もよく普段は風邪などもひかないということでしたので、「癌ではないのでショートにしないでミディアムにしましょう」と提案させていただきました。

そのお客様は医師の診断も受けているので、「いやそんなことはない、癌をこの目で見たので絶対癌なんです」とおっしゃられてました。

それもそのはず、ただの美容師がなんと言おうと、医師が診断しているのでもちろん説得力も何もありません。

でも自分は「癌ではないので、今回は鎖骨下のミディアムにしましょう」とミディアムのスタイルにさせていただきました。

そして、次回ご来店時にお客様が「**手術はしたけど癌ではありませんでした**」と報告がありました。

という風に40代で髪に癖もまったくなく艶々で太さもしっかりしている方は食生活がよく、抵抗力もあるので健康なんです。

それだけ髪質に出るんです！　言い切れます！

ウソようで本当の話でした。

POINT
髪質と健康は親密な状態にあり、髪質を見れば食生活がわかります。

・小麦をなくせば跳ねが直る

正直これは一番即効性があります。

結論から申しますと、小麦をやめれば２か月後にはモヤモヤやウネリの癖毛が少し落ち着きます。

２か月で根本２㎝の毛髪が健康になるので、それだけでも少し全体の癖が変わるレベルです。

グルテンやグルテンと似た構造を含む小麦や大麦、もち麦、ライ麦などは消化に悪いということは、今では常識になってきていまして、ある程度知られていると思いますが、**髪質にまで影響出ることはあまり知られていません**。

消化しにくいグルテンは腸に溜まって残ってしまいます。
その状態が続くと炎症が起きてしまい、栄養が消化吸収しにくくなり、免疫が落ち、さまざまな病気やアレルギーという症状を引き起こすだけでなく、最悪セリアック病(自己免疫疾患)になる可能性もあります。
腸にそれだけの影響を起こす食べ物ですので、髪に影響が出ないわけがありません。

喘息や花粉症など何らかのアレルギーがある方や、**湿気で髪がモヤモヤする方は、グルテンを少なからず消化できない腸の可能性は高い**ので、グルテンを控えることで、跳ねやウネリが直ったりすることはよくあります。

特に前髪の部分に生えている髪は細く、骨格のこめかみ部分がへこんでいる方は、前髪の横の部分の髪が、横に浮いて跳ねやすい性質を持っています。

その跳ねが気になっていた方が、グルテンフリーにして2か月で跳ねが収まったということはよくあることです。

騙されたと思って一度、癖で悩む方はグルテンフリーを試してみてはいかがでしょうか。

ここに関しては国産小麦だからとか、農薬の種類が違うとか、少ないとかそういう問題ではありません。

とにかく消化のしにくいグルテンをゼロにすることが1番変化がわかりやすいのですが、皆さんグルテンが大好きでなかなかやめられません。

どうしてもやめられない方は、たまに麺類やお菓子類、洋菓子やパンなどを食べるとしても、**毎朝のパンを白米に変えるだけでもかなり髪質は変わります。**

逆にグルテンを消化吸収できる腸内細菌を持ってる方もいらっしゃいます。

その方は極論、三食小麦でも栄養をしっかり取れていれば髪質はとても良好です。

なぜなら本来は**白米よりも栄養価が高い**からです。

ですが、経験上ヘアレスキューサロンで**悩みが多いお客様が多く**いらっしゃるせいかわかりませんが、グルテンを食べても髪質が悪くならないグルテンを完全に消化できる30代以上の方は４００人に1人ぐらいの割合でした。

POINT
美髪のためには、とにかくまずはグルテンを減らしましょう。

・アーモンドの食べ過ぎは毛髪を悪くする

クローン病という聞きなれない病気があります。これは腸の難病で**消化しにくいものが食べられなくなる病気**です。

子どもの頃からの消化に悪い食事やストレスが問題で、若い頃からクローン病になってしまう方が年々増え続けています。

クローン病の方が医師に摂取制限される食材は、**食物繊維が多く消化に悪いもの**とされています。

具体的には**牛肉、豚肉、乳製品、食物繊維の多い食べ物、ナッツ類、アルコールが制限**されます。

ナッツ類は栄養価が高く体によいと言われていますが、クローン病では食べてはいけない方に分類されているということは、消化が悪く胃腸に負担がかかるためです。

ナッツ類、特にアーモンドは不溶性食物繊維の含有量が多い上に硬く最も消化しにくいナッツですので、**「毎日、間食はすべてアーモンド」にするなどは、避けてください**。栄養価が高いと言えど、消化に悪いものはたまに少量食べる程度にしないと胃腸に負担がかかり、美髪には逆効果ということになりますのでお気をつけください。

日本にはとても優秀なゴマがありまして、１番おすすめです。煎ってすり潰したものを摂取するといいでしょう。

ただナッツ類を避けるというよりも、普段から摂取している不溶性食物繊維を見直し、取りすぎているか取りすぎていないかをチェックするといいと思います。この後に食物繊維比較を数字で紹介させていただきます。

POINT

美髪のために、ナッツ類はほどほどにしましょう！

・玄米が毛髪にはよくない理由

玄米は食物繊維とミネラルやビタミンが白米より多いので、すすめられています。

どれぐらい多いのかと言いますと、タンパク質は白米のタンパク質2・5gに対して、玄米のタンパク質は2・8g。亜鉛は、白米0・6mgに対して、玄米は0・8mg。そして**鉄分は白米の6倍**の0・6mg。

ビタミンB1は8倍、ビタミンB2は2倍、葉酸は3倍、ビタミンB6は何と10倍含まれています。

物凄く栄養価が高く感じますが、卵1個食べれば余る程度の栄養です。

「なら、卵1個分をお米変わりで取れればそれはいいでしょう！」という話になる

図表１　食物繊維

食品別食物繊維含有量

食品成分	水溶性食物繊維比率	水溶性食物繊維	不溶性食物繊維	食物繊維総量
	%	g	g	g
穀類/アマランサス/玄穀	17	1.1	6.3	7.4
穀類/あわ/精白粒	14	0.4	2.9	3.3
穀類/えんばく/オートミール	52	3.2	6.2	9.4
穀類/おおむぎ/押麦/乾	119	4.3	3.6	12.2
穀類/おおむぎ/米粒麦	222	6.0	2.7	8.7
穀類/キヌア/玄穀	32	1.5	4.7	6.2
穀類/こむぎ/国産	5	0.5	10.0	14.0
穀類/こむぎ/輸入/軟質	14	1.4	9.8	11.2
穀類/こめ/［水稲めし］/玄米	17	0.2	1.2	1.4
穀類/こめ/［水稲めし］/精白米/うるち米	0	0.0	0.3	1.5
穀類/そば/そば/ゆで	33	0.5	1.5	2.9
穀類/ひえ/精白粒	10	0.4	3.9	4.3
穀類/ライむぎ/全粒粉	32	3.2	10.1	13.3
いも類/さつまいも/皮なし/蒸し	35	0.6	1.7	2.3
いも類/さといも/水煮	60	0.9	1.5	2.4
いも類/じゃがいも/皮なし/蒸し	45	0.5	1.1	3.5
いも類/ながいも/生	75	0.6	0.8	1.4
豆類/いんげんまめ/全粒/ゆで	13	1.5	12.0	13.6
豆類/えんどう/全粒/青えんどう/ゆで	7	0.5	7.2	7.7
豆類/だいず/糸引き納豆	52	2.3	4.4	9.5
豆類/だいず/豆乳/調製豆乳	200	0.2	0.1	1.1
豆類/ひよこまめ/全粒/ゆで	5	0.5	11.1	11.6
藻類/沖縄産もずく	758	2.0	0.3	2.2
藻類/わかめ	333	5.0	1.5	6.5
藻類/めかぶ	338	2.1	0.6	2.7
種実類/くるみ/いり	9	0.6	6.9	7.5

種実類/らっかせい/大粒種/いり	4	0.3	6.9	11.4
野菜類/えだまめ/ゆで	12	0.5	4.1	4.6
種実類/くるみ/いり	9	0.6	6.9	7.5
種実類/ごま/いり	25	2.5	10.1	12.6
種実類/ピスタチオ/いり/味付け	11	0.9	8.3	9.2
種実類/ひまわり/フライ/味付け	13	0.8	6.1	6.9
種実類/らっかせい/大粒種/いり	4	0.3	6.9	7.1
種実類/アーモンド/いり/無塩	11	1.1	10.0	11.0
野菜類/オクラ/果実/生	39	1.4	3.6	5.0
野菜類/きゅうり/果実/生	22	0.2	0.9	1.1
野菜類/（ごぼう類）/ごぼう/根/生	68	2.3	3.4	5.7
野菜類/（にんにく類）/にんにく/りん茎/生	195	4.1	2.1	6.2
野菜類/パセリ/葉/生	10	0.6	6.2	6.8
野菜類/ブロッコリー/花序/生	21	0.9	4.3	5.1
野菜類/（もやし類）/りょくとうもやし/生	8	0.1	1.2	1.3
野菜類/（らっきょう類）/らっきょう/りん茎/生	886	18.6	2.1	20.7
野菜類/（らっきょう類）/らっきょう/甘酢漬	87	1.3	1.5	2.9
野菜類/（らっきょう類）/エシャレット/りん茎/生	396	9.1	2.3	11.4
野菜類/（レタス類）/レタス/土耕栽培/結球葉/生	10	0.1	1.0	1.1
野菜類/（レタス類）/サラダな/葉/生	13	0.2	1.6	1.8
野菜類/（レタス類）/リーフレタス/葉/生	36	0.5	1.4	1.9
野菜類/（レタス類）/サニーレタス/葉/生	43	0.6	1.4	2.0
野菜類/（えんどう類）/トウミョウ/芽ばえ/生	10	0.2	2.0	2.2
果実類/アボカド/生	44	1.7	3.9	5.6
果実類/バナナ/生	10	0.1	1.0	1.1
果実類/ライチー/生	80	0.4	0.5	0.9
果実類/りんご/皮なし/生	40	0.4	1.0	1.4
きのこ類/（しめじ類）/ぶなしめじ/生	9	0.3	3.2	3.0
きのこ類/なめこ/株採り/生	42	1.0	2.4	3.4
きのこ類/しいたけ/生しいたけ/菌床栽培/生	10	0.4	4.1	4.9

※文部科学省のデータベースを元に作成しております。海藻類のデータは記入がございません。
筆者が割り出した数字ですのでご了承下さいませ。

と思いますが、**問題なのは食物繊維**なのです。

食物繊維には2種類あり、不溶性食物繊維と水溶性食物繊維に分かれています。

不溶性食物繊維は簡単にいうと硬い食物繊維で、便が固まらず便秘になってしまう方には、必要な食物繊維です。

逆に**水溶性食物繊維は水に溶ける食物繊維**なので、便が硬くて便秘になっているという方には必要な食物繊維です。

どれだけ食物繊維を摂取しようとも、**これらを逆にしてしまうと、余計に便秘になってしまう**ので、ただただ摂取すればいいというものではありません。

「玄米は消化に悪いため、よく噛んで食べてください」と言われています。

消化に悪いということはもちろん胃腸に負担をかけるということですが、なぜ消化に悪いのでしょうか？

それは硬いことと**不溶性食物繊維が多い**ことがあげられます。

できれば食物繊維を25g取りましょう！　最低でも1日18g取りましょう！　とい

う風に推進されていますが、これはただ食物繊維を大量に摂取すればいいということではありません。

女性は1日に食物繊維を18g以上摂取することが目標値とされています。

そして不溶性食物繊維と水溶性食物繊維の摂取割合の理想は2対1となっていますので、18g中6gを水溶性食物繊維で摂取することが理想なんです。

ところが玄米に含まれている食物繊維の割合は水溶性食物繊維が0・2gに対して、不溶性食物繊維が1・2g入っていますので、6対1になってしまいます。

(白米は水溶性食物繊維が含まれていなく、不溶性食物繊維が0・3gとなっています)

アーモンドが食物繊維が多いということを取り上げましたが、アーモンドはなんと9対1の割合で不溶性食物繊維の含有量が多いのです。

なぜ、そこまで不溶性食物繊維の含有量にこだわるのかというと、食物繊維を含むほとんどの食材で、不溶性食物繊維の割合が2：1より多くなっているからです。

水溶性食物繊維の割合のほうが多くなっている食品は、海藻類とエシャレットとらっきょうとニンニクぐらいしか存在しないのです。

2対1を超えている食品は、納豆やごぼう、芋類、果物類などにありますが、少ないのが現状です。

まとめますと、**ナッツ類や玄米をメインに摂取したい場合は、よく噛むことと海藻類を食べると同時に、他の不溶性食物繊維が多い食材を避ける必要があります。栄養的が多いとは言え極端にそれらを食べ続けるということは、消化に悪く腸の毛髪のためにも避けるべきです。**

余談ですが、**大リーガーの大谷翔平選手**は、ベンチで「ひまわりの種」を食べていました。

ひまわりの種はゴマを抜かしたナッツ類の中で1番不溶性食物繊維が少ないのが特徴です。

大リーガーは、ひまわりの種が売っていてそれを食べているらしいですが、アスリートなので栄養を気にされているのかもしれません。

ナッツを摂取する場合は、クルミや落花生もおすすめです。不溶性食物繊維と水溶性食物繊維の比率がいいわけではありませんが、不溶性食物繊維の総量が少ないため同じ量を食べても負担は少なくなります。

POINT
計算が大変なので偏った食物繊維の取り方は避けましょう。

・動物性脂は質で選ぶ

消化しにくい脂を多く摂取するということは、それも腸内環境の悪化を招き、髪質が悪くなってしまうことに繋がります。

そこでチェックしたいのは脂の飽和脂肪酸含有量です。

飽和脂肪酸は一般的に固形の脂で、乳製品や肉類などの動物性脂肪に多く含まれています。逆に**不飽和脂肪酸は**常温では液体で**植物性油**に多く含まれています。

飽和脂肪酸は、体温で固まりやすいため消化しにくく腸内環境の悪化に繋がってしまいます。

牛肉、豚肉の脂は体にあまりよくなく、お魚の脂は体にいいと言うことをよく耳にすると思いますが、それは牛肉、豚肉が飽和脂肪酸が多く、お魚は不飽和脂肪酸が多いからです。

また肉の種類や部位でも脂肪酸の割合が変わってきます。各種脂肪酸含有量比較表にまとめてありますので、チェックしてみてください。

POINT

肉類の摂取は不飽和脂肪酸の割合が多いものを優先的に選びましょう。

・進んで摂取したいn-3脂肪酸（オメガ3）

次に、不飽和脂肪酸にも種類がありますのでそちらを説明させていただきます。

まず体内で合成できない多価不飽和脂肪酸と体内で合成できる一価不飽和脂肪酸に分かれます。

図表2　肉の油

各種脂肪酸含有量比較表

食品成分	たんぱく質	脂質	飽和脂肪酸	一価不飽和脂肪酸	n-6系多価不飽和脂肪酸	n-3系多価不飽和脂肪酸	n-3系脂肪酸脂質内比率
	必須	取りすぎ注意	取りすぎ注意		取りすぎ注意	重要必須	
	g	g	g	g	g	g	%
うし/部位別脂質比較							
和牛肉/かた/脂身つき/生	17.7	22.3	7.1	11.9	0.6	0.0	0.13
和牛肉/かたロース/脂身つき/生	13.8	37.4	12.2	20.2	1.0	0.0	0.11
和牛肉/リブロース/脂身つき/生	9.7	56.5	19.8	29.8	1.3	0.1	0.12
和牛肉/サーロイン/脂身つき/生	11.7	47.5	16.3	25.1	1.1	0.1	0.11
和牛肉/ばら/脂身つき/生	11.0	50.0	15.5	26.9	1.1	0.1	0.10
和牛肉/もも/脂身つき/生	19.2	18.7	6.0	9.5	0.5	0.0	0.11
和牛肉/そともも/脂身つき/生	17.8	20.0	6.3	10.6	0.5	0.0	0.10
和牛肉/ランプ/脂身つき/生	15.1	29.9	9.7	15.8	0.7	0.0	0.10
輸入牛肉/かた/脂身つき/生	19.0	10.6	4.4	4.2	0.2	0.1	1.13
輸入牛肉/かたロース/脂身つき/生	17.9	17.4	7.5	7.1	0.4	0.1	0.63
輸入牛肉/リブロース/脂身つき/生	20.1	15.4	7.2	6.0	0.3	0.1	0.45
輸入牛肉/サーロイン/脂身つき/生	17.4	23.7	10.9	9.2	0.3	0.2	0.72
輸入牛肉/ばら/脂身つき/生	14.4	32.9	13.1	16.1	0.3	0.2	0.61
輸入牛肉/もも/脂身つき/生	19.6	8.6	3.2	3.7	0.2	0.1	0.58
輸入牛肉/そともも/脂身つき/生	18.7	14.3	5.5	6.3	0.2	0.1	0.70
輸入牛肉/ランプ/脂身つき/生	18.4	16.4	6.5	7.2	0.2	0.1	0.79
ひき肉/生	17.1	21.1	7.3	11.1	0.4	0.2	1.14
うし/［副生物］/舌/生	13.3	31.8	11.2	16.0	1.2	0.1	0.19
うし/［副生物］/心臓/生	16.5	7.6	3.1	2.5	0.3		
うし/［副生物］/肝臓/生	19.6	3.7	0.9	0.5	0.6	0.1	1.89
うし/［副生物］/第一胃/ゆで	24.5	8.4	2.7	3.4	0.4	0.1	0.95
うし/［副生物］/第二胃/ゆで	12.4	15.7	5.7	7.8	0.4	0.1	0.32
うし/［副生物］/第三胃/生	11.7	1.3	0.4	0.4	0.1		
うし/［副生物］/第四胃/ゆで	11.1	30.0	12.8	13.7	0.7	0.1	0.27
うし/［副生物］/小腸/生	9.9	26.1	11.8	11.2	0.3	0.1	0.31
うし/［副生物］/大腸/生	9.3	13.0	3.9	7.3	0.4	0.1	0.38

肉類/種類別脂質比較							
和牛肉/もも/脂身つき/生	19.2	18.7	6.0	9.5	0.5	0.0	0.11
輸入牛/もも/脂身つき/生	19.6	8.6	3.2	3.7	0.2	0.1	0.58
いのしし/肉/脂身つき/生	18.8	19.8	5.8	9.4	2.5	0.1	0.25
うさぎ/肉/赤肉/生	20.5	6.3	1.9	1.3	1.2	0.1	2.06
うま/肉/赤肉/生	20.1	2.5	0.8	1.0	0.2	0.1	3.60
ぶた/もも/脂身つき/生	20.5	10.2	3.6	4.2	1.2	0.1	0.59
ぶた/心臓/生	16.2	7.0	2.1	1.7	1.0	0.0	0.43
ぶた/肝臓/生	20.4	3.4	0.8	0.2	0.6	0.2	4.41
めん羊マトン/もも/脂身つき/生	18.8	15.3	6.9	5.5	0.4	0.2	1.24
めん羊ラム/もも/脂身つき/生	20.0	12.0	4.9	4.4	0.3	0.2	1.50
にわとり/もも/皮つき/生	17.3	19.1	5.7	9.0	2.7	0.1	0.63
にわとり/もも/皮なし/生	22.0	4.8	1.0	1.9	1.1	0.0	0.83
にわとり/心臓/生	14.5	15.5	3.9	6.5	2.1	0.2	1.23
にわとり/肝臓/生	18.9	3.1	0.7	0.4	0.4	0.3	8.06
にわとり/すなぎも/生	18.3	1.8	0.4	0.5	0.2	0.0	2.22
若どり/もも/皮つき/生	16.6	14.2	4.4	6.7	1.8	0.1	0.63
にほんじか/赤肉/生	23.9	4.0	1.4	1.1	0.3	0.1	3.00
魚介類その他/種類別脂質比較							
魚類/あんこう/きも/生	10.0	41.9	9.3	14.2	1.6	10.0	23.87
魚類/まあじ/皮つき/生	19.7	4.5	1.1	1.1	0.1	1.1	23.33
魚類/まあじ/皮つき/焼き	25.9	6.4	1.6	1.5	0.2	1.5	23.59
魚類/まいわし/生	19.2	9.2	2.6	1.9	0.3	2.1	22.83
魚類/かつお/秋獲り/生	25.0	6.2	1.5	1.3	0.2	1.6	25.32
魚類/しろさけ/生	22.3	4.1	0.8	1.7	0.1	0.9	22.44
魚類/ぎんざけ/養殖/生	19.6	12.8	2.3	4.9	1.7	2.0	15.86
魚類/まさば/生	20.6	16.8	4.6	5.0	0.4	2.1	12.62
魚類/さんま/皮つき/焼き	23.3	22.8	4.3	9.0	0.5	5.0	21.71
魚類/まだら/生	17.6	0.2	0.0	0.0	0.0	0.1	35.00
魚類/まだら/しらこ/生	13.4	0.8	0.1	0.1	0.0	0.2	23.75
貝類/あさり/生	5.7	0.7	0.0	0.0	0.0	0.1	8.57
貝類/かき/養殖/生	6.9	2.2	0.4	0.2	0.1	0.5	23.64
貝類/しじみ/生	7.5	1.4	0.2	0.1	0.0	0.1	10.00
果実類/アボカド/生	2.1	17.5	3.0	10.0	1.7	0.1	0.69

※文部科学省のデータベースを元に作成しております。
※n-3系脂肪酸脂質内比率は、脂質内のn-3系脂肪酸含有量の割合を％で示しています。

ｎ－３系脂肪酸（オメガ３）ｎ－６系脂肪酸（オメガ６）は多価不飽和脂肪酸に分類され、ｎ－９系脂肪酸（オメガ９）は一価不飽和脂肪酸に分類されています。

この脂肪酸の中で1番意識して積極的に摂取したいのがｎ－３系脂肪酸（オメガ３）です。

ｎ－３系脂肪酸は、体内で合成できないため、食物から摂取する必要がある必須脂肪酸です。

魚に多く含まれているのですが、昨今日本人の魚の摂取量が少ないため、不足しがちになってきます。

手軽に摂取できる「えごま油」や「アマニ油」が注目されています。

ｎ－６系脂肪酸は、体内で合成できないため、食物から摂取する必要がある必須脂肪酸ですが、通常の食事をしていれば不足することはあまりなく、取り過ぎの方が問題視されている油です。

ｎ－９系脂肪酸は、体内でつくれる脂肪酸なので、気にして摂取する必要はない脂肪酸です。

図を見ていただくと**魚類が圧倒的に比率が高い**ことがわかります。

肉類は部位でいうと、**レバー類**は脂質も少なく、ｎ－３脂肪酸の割合も高く栄養価も高い優秀な食材です。そして最近注目されている**ジビエ肉類**もｎ－３系脂肪酸の脂肪酸割合が多くなっています。ジビエ肉ですと**馬肉**や**鹿肉**がとても栄養価が高くおすすめです。次にすウサギの肉や羊の肉も牛肉、豚肉、鳥肉よりもｎ－３系脂肪酸の割合が多くなっています。**鳥の砂肝**もおすすめです。

まとめますと、肉や魚はｎ－３系脂肪酸ができるだけ多いもの、飽和脂肪酸より不飽和脂肪酸が多いものを選んで食べたほうが**消化しやすく腸に優しい**ので、美髪に繋がるということです。

POINT

良質な脂は魚がおすすめです。ｎ－３系脂肪酸を意識して摂取しましょう。

脂質の種類知ってますか？

飽和脂肪酸

・肉　・バター　・牛乳　など

※摂りすぎ注意

体内で合成できる

不飽和脂肪酸

一価不飽和脂肪酸

体内で合成できる

n-9脂肪酸　（オメガ9）

・オリーブオイル　・アボカドオイル　・なたね油　など

多価不飽和脂肪酸

体内で合成できない

n-6脂肪酸　（オメガ6）

・コーン油　・サラダ油　・ごま油　など

※摂りすぎ注意

n-3脂肪酸　（オメガ3）

・アマに油　・えごま油　・DHA　・EPA　など

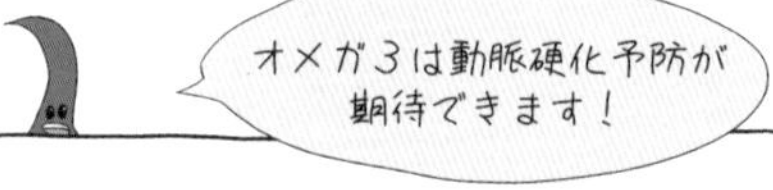

・消化しにくい肉は融点（液体化する温度）で選ぶ

油脂には「融点」といい、油脂が液体化する温度があります。

融点が体温よりも高ければ高いほど、**脂は体温で液体化せずに胃腸などで固まってしまい、消化不良を起こしやすく胃腸の負担**になってしまいます。

融点の低い肉を選び、融点の高い肉はできるだけ脂肪の少ない部位や赤身を選ぶということが、胃腸に負担をかけない肉類の摂取の仕方です。

肉の種類別で脂の融点をまとめましたので、参考にしてみてください。

羊脂44～55℃　鹿脂40～55℃　牛脂40～50℃
豚脂33～46℃　鳥脂30～40℃　馬脂29～43℃

兎脂25〜46℃　猪脂28〜30℃　鴨脂14℃

魚の脂が体にいいと言われているのは、不飽和脂肪酸が多いことの他に**融点の低いのも特徴**です。

冷たい水でも固まらないぐらい融点が低いため、体温では固まらず胃腸に負担はかかりにくいのです。

POINT 良質な脂は魚がおすすめです。肉の場合は、融点が低い肉か赤身を優先的に選びましょう。

・乳製品を控える理由

「腸にいい食事」や「腸活」の話で、真っ先に思い浮かべるのが乳酸菌だと思います。

果たして乳酸菌は腸活にいいのでしょうか？

乳酸菌といえば乳製品のヨーグルトですが、**乳製品の摂取で起こる代表的である問題の１つ「乳糖不耐症」**を説明させていただきます。

乳製品に含まれる糖は**乳糖**と呼ばれ、小腸で生成される**ラクターゼという酵素により分解**されます。

乳児期の頃は比較的ラクターゼを生産していますが、乳児期を過ぎるとラクターゼの産生は減少し、アジア人では80％以上の方が、消化不良を起こしやすいと言われています。

牛乳を飲んで下痢をするレベルの方は、この乳糖不耐症と判断がわかりやすいのですが、**反応がない方でも消化しにくい可能性が高いので、摂取のしすぎは気をつけたほうが美髪のためには有効です。**

乳製品別で乳糖の量をまとめましたので、確認していただけると、ヨーグルトは発酵しているので、牛乳の半分ぐらいになっています。

乳糖が含まれていないチーズもあるので、美髪のためにはそれらのチーズをおすすめします。

もう1つカゼイン不耐症の説明をさせていただきます。

牛乳に含まれるタンパク質の80%がカゼインというタンパク質で、そのカゼインの中でも牛乳の55%を占めているアルファカゼインは人間には消化できず、頻繁に摂取すると腸内に未消化物が溜まってしまい、腸に炎症を起こし、摂取し過ぎると腸に穴が開くリーキーガット症候群にもなる可能性があるというものです。

リーキーガット症候群に関しまして、セリアック病と同様1番の原因は小麦や大麦、ライ麦などのグルテンによる影響が1番強いと言われています。

カゼインについては不確定要素が多いため、乳製品の問題は乳糖の量とさせていただきます。

ここでお客様のお話を1つさせていただきます。

その方は強いウネリやふくらみ、襟足の根元から跳ねる癖のボリュームで悩まされていたため、縮毛矯正を定期的に施術されていました。

普段の食事の内容をお伺いしましたところ、毎朝食パンを食べているとのことでした。

ご本人もお子様も花粉症などのアレルギーに悩まされているとのことでしたので、**朝食はご飯に切り替えることをご提案させていただきました。**

そのお客様は完全にグルテンフリーにしたおかげで、半年後には前髪以外、ほぼ癖がなくなり縮毛矯正を止めるぐらいまで改善されました。

襟足に関しましては、根本からそり返る癖があったにも関わらずその癖がなくなったことにお客様も自分も驚きました。

ですが、あるとき、以前ほどではないにしろまた少し癖が出始めました。

詳しくお伺いしましたところ、朝食の米粉のホットケーキにヨーグルトを入れると美味しいことが判明し、２か月間毎日ヨーグルトを混ぜて食べてていたとのことでした。

２か月間毎日ヨーグルトを摂取すると、さすがに乳糖により髪質に変化が出るということがわかり、ヨーグルトをやめていただきましたら、また元の髪質に戻りました。
という、ウソのようで本当の話でした。

POINT
美髪のためには、乳糖が含まれていないチーズを選びましょう。

・乳酸菌は無駄？

乳酸菌といえば様々な種類があり「**生きたまま腸まで届く**」あるいは「**生きたまま腸に届かなくても腸内細菌のエサになるので効果がある**」などは、さまざまな理論があり花粉症などのアレルギーにも効果的と言われています。

そして乳酸菌1億個や100億個、さらには1000億個ぐらいまであると思いますが、そもそも100億は本当に多いのか？　というところまで考える必要があります。

『自分の善玉菌はどれくらい存在しているのか』を考えたり知ったりしている方は

図表3　乳糖

乳製品別乳糖含有量比較表

食品成分	乳糖	飽和脂肪酸	一価不飽和脂肪酸	n-3系オメガ3脂肪酸	n-6系オメガ6脂肪酸
	g	g	g	g	g
生乳/ジャージー種	4.5	3.46	1.11	0.02	0.16
生乳/ホルスタイン種	4.4	2.36	1.06	0.02	0.13
普通牛乳	4.4	2.33	0.87	0.02	0.10
加工乳/濃厚	4.8	2.75	1.14	0.02	0.12
加工乳/低脂肪	4.9	0.67	0.23		0.03
ホイップクリーム/乳脂肪	2.4	24.98	9.34	0.19	1.06
ホイップクリーム/植物性脂肪	2.5	8.30	25.01	0.20	0.68
ヨーグルト/全脂無糖	2.9	1.83	0.71	0.01	0.08
ヨーグルト/低脂肪無糖	2.7	0.58	0.22		0.02
乳酸菌飲料/乳製品	1.5	0.03	0.01	0.00	
ナチュラルチーズ/エダム	0	15.96	4.94	0.16	0.37
ナチュラルチーズ/エメンタール	0	18.99	8.12	0.35	0.52
ナチュラルチーズ/カテージ	0.5	2.73	1.00	0.02	0.10
ナチュラルチーズ/カマンベール	0	14.87	5.71	0.16	0.54
ナチュラルチーズ/クリーム	2.4	20.26	7.40	0.25	0.63
ナチュラルチーズ/チェダー	0.1	20.52	9.09	0.26	0.54
ナチュラルチーズ/パルメザン	0	18.15	7.11	0.28	0.67
ナチュラルチーズ/ブルー	0	17.17	6.76	0.13	0.67
ナチュラルチーズ/マスカルポーネ	3.5	16.77	6.40	0.13	0.68
プロセスチーズ	0	16.00	6.83	0.17	0.39
アイスクリーム/高脂肪	4.3	7.12	2.79	0.06	0.28
アイスクリーム/普通脂肪	4.6	4.64	2.32	0.05	0.30
ラクトアイス/普通脂肪	4.5	9.11	3.67	0.01	0.60
食品成分	脂質	たんぱく質	鉄	亜鉛	カルシウム
	g	g	mg	mg	mg
生乳/ジャージー種	5.2	3.9	0.1	0.4	140
生乳/ホルスタイン種	3.7	3.2		0.4	110

普通牛乳	3.8	3.3	0	0.4	110
加工乳/濃厚	4.2	3.4	0.1	0.4	110
加工乳/低脂肪	1.0	3.8	0.1	0.4	130
ホイップクリーム/乳脂肪	40.7	1.8	0.1	0.2	54
ホイップクリーム/植物性脂肪	36.1	6.3	0.2	0.4	30
ヨーグルト/全脂無糖	3.0	3.6		0.4	120
ヨーグルト/低脂肪無糖	1.0	3.7		0.5	43
乳酸菌飲料/乳製品	0.1	1.1		0.4	660
ナチュラルチーズ/エダム	25.0	28.9	0.3	4.6	1200
ナチュラルチーズ/エメンタール	33.6	27.3	0.3	4.3	55
ナチュラルチーズ/カテージ	4.5	13.3	0.1	0.5	460
ナチュラルチーズ/カマンベール	24.7	19.1	0.2	2.8	70
ナチュラルチーズ/クリーム	33.0	8.2	0.1	0.7	680
ナチュラルチーズ/チェダー	33.8	25.7	0.3	4.0	740
ナチュラルチーズ/パルメザン	30.8	44.0	0.4	7.3	1300
ナチュラルチーズ/ブルー	29.0	18.8	0.3	2.5	590
ナチュラルチーズ/マスカルポーネ	28.2	4.4	0.1	0.5	150
プロセスチーズ	26.0	22.7	0.3	3.2	630
アイスクリーム/高脂肪	12.0	3.5	0.1	0.5	130
アイスクリーム/普通脂肪	8.0	3.9	0.1	0.4	140
ラクトアイス/普通脂肪	13.6	3.1	0.1	0.4	95

※文部科学省のデータベースを元に作成しております。

意外と少ないのではないでしょうか？

実は、もともと人間の腸内細菌の数は１００兆から１０００兆と言われています。間をとって５００兆の場合、正常なバランスで言いますと、**日和見菌が７割、善玉菌が２割、悪玉菌が１割**ですので、善玉菌は１００兆ぐらいあるということになります。

１００兆の中に１００億は１／１０００になりますので少しだけ足しになるかもしれませんが、それよりも悪玉菌を増やさないことのほうが明らかに重要になってきます。

悪玉菌は腸内環境の悪化で生まれてくるので、消化のしにくい乳糖を摂取すると少なからずとも、**腸内環境は悪化し悪玉菌が増殖**することになります。

お味噌や納豆や豆乳ヨーグルトなどの発酵食品で乳酸菌を取るのは、少し足しにはなるかもしれませんが、乳糖を取りながらの乳酸菌摂取は乳糖には勝てないので、ヨーグルトにより花粉症が改善されたという実体験は今の所聞いたことがありません。

「乳製品のヨーグルトを腸のために食べる」というよりも、あくまでもおやつとして見るべきだと思います。

乳酸菌は5大栄養素ではありませんし、文部科学省食品データベースのその他の分類にも乳酸菌含有量の記載はありません。

乳酸菌を摂取することよりもまずは、五大栄養素をしっかり摂取することを心がけないと美髪にはなりません。ましてや消化の悪い乳糖を健康にいいと思いこみ摂取しすぎてしまっては本末転倒です。

ただ乳製品は非常に栄養価が高い食材でもあります。乳製品の中でおすすめなのは、乳糖が含まれていない**チェダーチーズ**と**パルメザンチーズ**がおすすめです。チェダーチーズとパルメザンチーズは不足しがちなカルシウム含有量が非常に高い上に、美髪に必須のタンパク質と亜鉛もしっかり含まれている優秀な食材です。

スーパーなどではなかなか100％は手に入りにくいのですが、70％以上を目安に選んでいただくといいと思います。

POINT

乳酸菌を摂取するよりも、まず乳糖を減らしましょう。

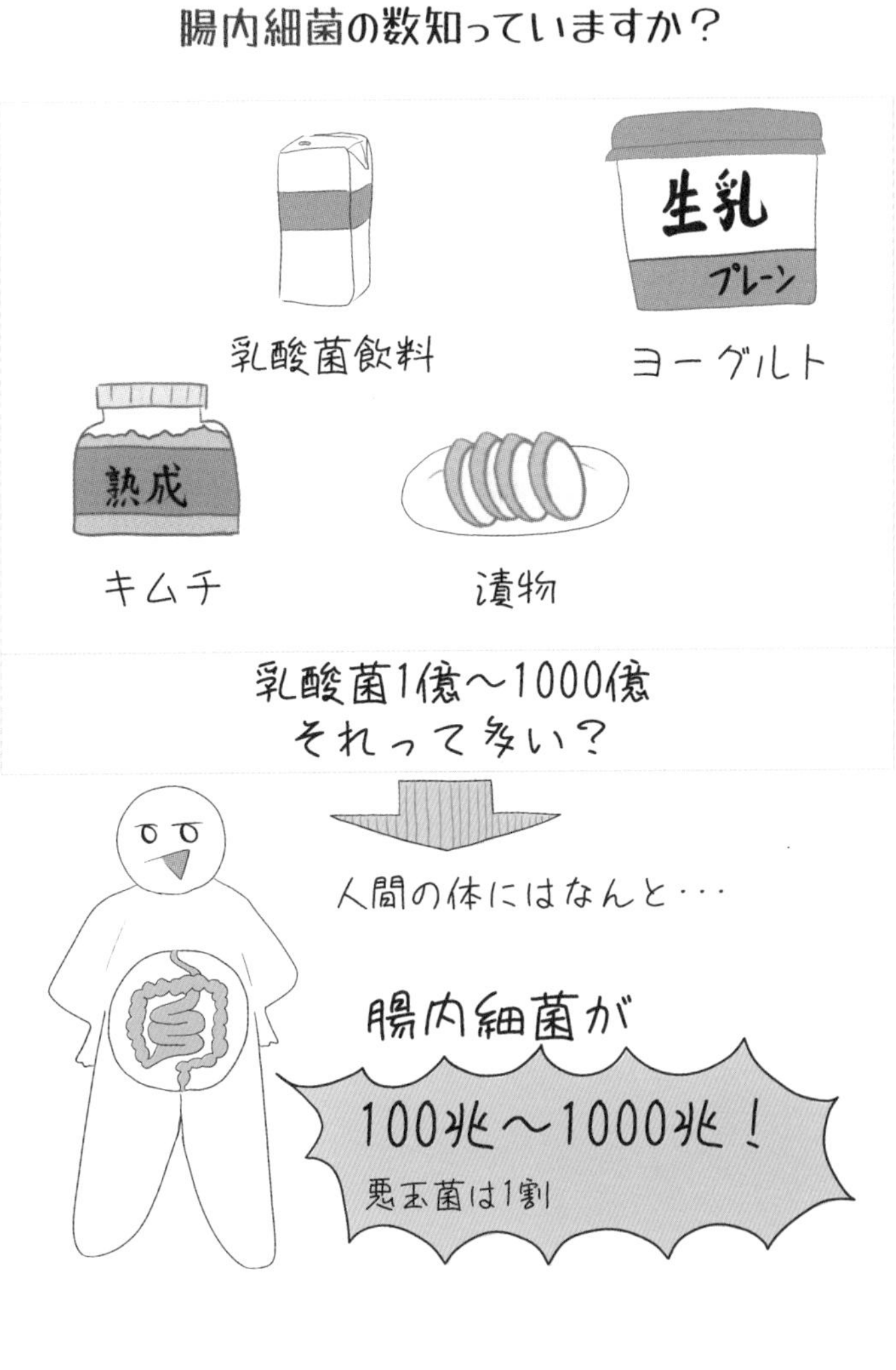
腸内細菌の数知っていますか？
生乳
プレーン
乳酸菌飲料
ヨーグルト
熟成
キムチ
漬物
乳酸菌1億〜1000億
それって多い？
人間の体にはなんと…
腸内細菌が
100兆〜1000兆！
悪玉菌は1割

・添加物は悪くない

「添加物は悪だ理論」や「白いものは悪だ理論」で極端に添加物を避けている方を見受けられます。

しかし、そういう方に限って髪質が悪いということも多々ございます。

ヒアリングの結果、それは単純に気にしすぎていて栄養素がトータル的に足りていないのではないかと推測しています。

完全に無添加でさらに栄養素も完璧に計算して足りているという状態を目指せるのであれば、それに越したことはありませんが、仕事をしているとスーパーのお惣菜やコンビニ食や外食などに頼るケースというのは出てきますので、そこでどう栄養素を摂取していくかを考えたほうが毛髪にはいいと思います。

添加物はたいして悪くない例として、人工甘味料について書かさせていただきます。

２０２３年7月に人工甘味料のアスパルテームが発がん性の可能性があるグループ第二類に分類され、ＷＨＯも認めたというニュースで話題になりました。

これを見てやっぱり添加物は体によくないという議論がネット上で起こっていました。

その発がん性の可能性がある第二類というのは、国際がん研究機関ＩＡＲＣ、ＷＨＯおよび国連食糧農業機関ＦＡＯの食品添加物合同専門家委員会ＪＥＣＦＡにより発表されました。

人に対して発がん性の可能性がある「ＩＡＲＣグループ２Ｂ」と分類し、**１日の摂取許容量を40㎎／kg体重**と再確認しました。

このニュースを見て「**やっぱり人工甘味料や化学調味料が体によくないのではないか**」という議論が起きました。

まずそもそも、１日の摂取許容量を40㎎／kg体重も？　と思ってしまいますが、そこは置いときまして、実際そもそも**第一類が何なのか…第二類が何なのかということ**

を把握していないと思います。

そこで、ＩＡＲＣ発表の「人に対して発がん性のあるグループ」第一類から第三類までを図（１１８頁）にまとめましたので、確認していただきたいのですが、第二類Ａに**65度以上**のお湯というものが入っています。

体温より熱いものは、気管が火傷する可能性があるので細胞の再生が行われるため、免疫低下により発がん性があるという認識だと思いますが、健康な方は毎日飲んでいると思います。

アステルパームはそのＡよりも下のＢです。

ちなみに、**美容師の仕事やシフト制勤務も第二類**に分類されています。

そしてなぜか、人工甘味料と共に化学調味料の話題まで出てきました。**化学調味料というネーミングはＮＨＫが料理番組で商品名を公開できないためつけた名前**とされているらしく、最近では**うまみ調味料**に変わりました。

うまみ調味料は、グルタミン酸ナトリウムです。

グルタミン酸ナトリウムと聞くと、また化学的なイメージになってしまいますが、原料はサトウキビやとうもろこしの糖を味噌やヨーグルトみたいに発酵させてつくり出す天然なものです。

科学的な名前だけが先行してしまい敬遠されてしまうケースが非常に多いですが、敬遠しすぎてしまい食べられるものが少なくなり、結果栄養不足ということにもなりかねません。

それよりも問題なのは、添加物でなく味の濃さです。甘味料もそうですが味が濃いものを食べ続けると麻痺をしてしまい、濃くなり続けてしまいます。年齢と共にさらに味覚は麻痺してくるとも言われているので、添加物よりも塩分の量や砂糖、甘味料の量を気にしましょう。

POINT

添加物を気にするよりも、栄養の数値を気にしましょう。

発がん性の分類

国際がん研究機関（IARC）より

グループ1 発がん性がある

- 太陽光
- たばこ
- 加工肉（ハム・ウインナーなど）
- アルコール飲料

グループ2A おそらく発がん性がある

- 赤身肉
- シフト勤務
- グリホサート（除草剤）
- 65℃以上の飲み物

グループ2B 発がん性の可能性がある

- ワラビ
- 漬物
- 甘味料アスパルテーム
- ガソリンエンジン排気ガス

グループ3 発がん性について分類できない

- 蛍光灯
- コーヒー
- 茶
- カフェイン

・お酒には休肝日を

アルコールは髪に非常に悪影響を及ぼします。タバコももちろん悪影響はございますが、アルコールほどではありません。

なぜならタバコは腸には影響がないからです。

アルコールを毎日摂取している40代以上の方で、さらに1食が小麦食の方は、100％と言っていいほど、モヤモヤした**癖毛か薄毛**です。

晩酌する場合、夜の食事をあまり摂取しない方もいらっしゃいます。

その場合は、**2食で1日分の栄養を摂取する必要**があり、さらに1食が小麦食の方は、昼の1食にすべてをかけなければ栄養不足になってしまいます。

そして、単純に食べる量が減るだけでなくアルコールのダメージもちろんあります。

アルコールは胃腸で吸収され肝臓で分解されます。

肝臓は栄養分などを取り込んで体に必要な成分に変えるという、**代謝の働きを持っ**

た重要な臓器です。また不要な物質を解毒したり胆汁に排出する働きもしています。この重要な臓器にアルコールを分解させ続けると正常に働かなくなり、栄養分を体に**必要な成分に変える**ということができなくなり、結果的に髪に栄養が届きにくくなります。

肝臓の仕事には限界があるだけでなく、傷んだ臓器をまた回復するために養分が必要になり、さらに髪までの栄養が足らなくなります。

酒をやめるのは難しいと思いますので、週に2日間、美髪のために休肝日をつくりましょう。

とはいえ、タバコも血管を収縮し白髪を増やすという研究結果もあり、薄毛などにも影響は少なからず出ると言われていますので、できるだけ控えましょう。

POINT
アルコールは、美髪の天敵です。

第5章

栄養を数字で見ているか？（美髪と栄養）

・髪にいい食べ物第1位が『卵』のアメリカ

ネットで髪にいい食べ物ランキングで調べると、さまざまなランキングが出てきます。

その中の1つ、アメリカのTOP TEN OF CITYというサイトが髪にいい食べ物トップ10を発表しました。

そのサイトで発表されている髪にいい食べ物ランキングで、卵は1位に挙げられました。

確かに卵はトータル的に栄養は入っているものの、極端に栄養価が高いという食べ物では特になく、食べられやすいという点で1位なったのかどうかはよくわかりませんが、2位のナッツ類は前の章でお伝えしたように食べ過ぎは逆に負担になってしまいますので、注意が必要です。

また日本人に聞いた、薄毛にいいと思う食べ物ランキング1位がわかめです。

雰囲気的に日本ランキングでは、海藻類が多く目立ち、卵は3位にランクインしています。

わかめも特に突出して栄養価が高いわけではないのですが、日本人のイメージとして**海藻類は髪の毛にいいというイメージ**があると思いますし、意外と量を摂取するのも大変です。お客様に栄養の話をするとまず「海藻類を食べればいいですか？」という質問をされることがよくあります。

実際、のりやあおさなど乾燥したものは１００ｇで見ると確かに栄養価は高いですが、乾燥して軽いものはまず１００ｇ摂取するのは不可能だったりもします。

この章では数字で実際確認し、**本当に栄養がある食材、美髪にいい食材は何なのか**を追究して行きます。

POINT

食文化や、腸内細菌の差はありますが本当に髪にいいのでしょうか？

国ごとの髪にいい食べ物ランキング

順位	日本人に聞いたTOP10	アメリカ人のサイトTOP10
1位	わかめ	卵
2位	納豆	ナッツ系
3位	卵	牡蠣
4位	レバー	緑黄色野菜
5位	牡蠣	鶏肉
6位	ひじき	豆類
7位	昆布	鮭
8位	海苔	乳製品
9位	チーズ	にんじん
10位	鶏肉	全粒穀物

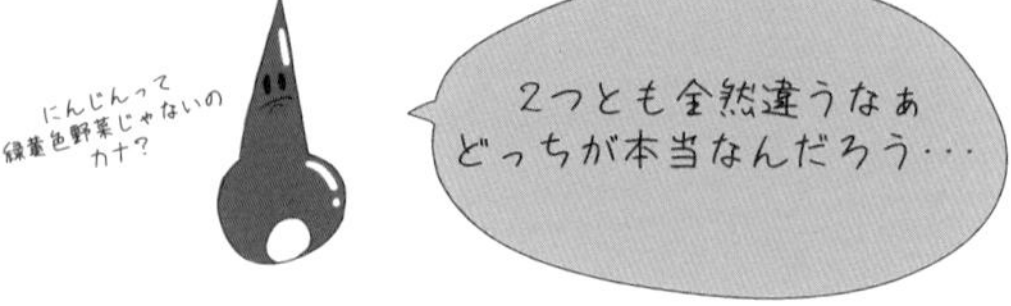
にんじんって緑黄色野菜じゃないのカナ？
2つとも全然違うなぁ どっちが本当なんだろう・・・

・髪にいい食べ物を数字で見た結果

ただ「髪にいい食べ物」という視点で言うと、感覚ではなくきちんと**栄養を数字で見ているのかどうか**ということが重要になってきます。

本書では厚生労働省の「日本人の食事摂取基準２０２０年版」より、**女性30歳から49歳の推奨量**を基準に、**１日に必要な推奨量を１００％**とし、文部科学省の食品データベースの数字を**１日の推奨量の％で置き換え、髪に必要で不足しがちな栄養素だけ**を見やすくまとめた『美髪のための栄養成分表』を作成させていただきました（最後のページに記載させていただいております）。

髪のために必要で不足しがちな栄養素は、髪にも健康にも必須の栄養素**タンパク質**は、**１日60ｇを１００％**とします。

もっとも髪にとっても重要で不足しやすく、さらに摂取制限があるため、取り溜めができず毎日の摂取が好ましいとされる亜鉛と鉄分。

薄毛にも白髪にも親密に関係してくる**亜鉛**は、８mgを１００%とし、貧血の方は必ず髪質は悪くなります。貧血の方に必要な**鉄分**は、10・５mgを１００%とします。

必要量以上は摂取しても体内に蓄積されず排出されてしまい不足しがちな水溶性ビタミン。

健康な毛髪、爪、肌をつくり出し白血球の生成にも関わるため不足すると貧血が起こりやすくなる**ビタミンB２**は、１・２mgを１００%とし、体内でタンパク質アミノ酸代謝に深く関わるほか、赤血球へモグロビンの合成タンパク質の分解や合成をサポートし、筋肉や血液など体をつくるために不可欠な**ビタミンB６**は、１・１mgを１００%。

赤血球をつくるために必要で造血作用もある細胞が正常に機能するために働く**ビタミンB12**は、２・４μgを１００%。

ＤＮＡいやＲＮＡの構成アミノ酸の代謝などに関わりがあり、こちらも赤血球をつくるために必要で、造血作用もある**葉酸**は、**２４０μgを１００％**とし、皮膚や面膜の健康維持に関わり、植物性食品からの鉄の吸収を促進頭皮を健やかに保つ**ビタミンＣ**は、**１００mgを**１００％とします。

脂溶性ビタミンは過剰に取りすぎると蓄積してしまい、そこまで不足するビタミンではございませんが、血管の健康に関わるビタミンで、毛細血管の収縮や血流を促す**ビタミンＥ**は、**５・５mgを**１００％とします。

ビタミンＥの計算方法としまして、

α-**トコフェロールの生理作用を**１００％

β-**トコフェロールの生理作用は**40％

γ-**トコフェロールは**10％

δ-**トコフェロールは**１％

として、**文部科学省データベースを元に計算させていただいております。**

栄養をすべて数字で割り出しまとめましたので、参考にしてみてください（最後のページに記載させていただいております）。

> **POINT**
> 美髪には、タンパク質と亜鉛と鉄分とビタミンB2、B6、B12、E、C、葉酸が特に重要です。

・本当に髪にいい食べ物第1位は？

毛髪にもいい食べ物ランキングを、肉類部門、魚部門、その他部門、それ以外のおすすめ9選を成分表を元にまとめました。

こちらはあくまで食べやすさよりも数字で出しています。アメリカと日本ランキングとは多少異なっていますので参考にしてみてください。

それとは別に、魚や馬肉、鹿肉や緑黄色野菜は費用がかかって難しいという声もございますので、栄養成分表を元に**朝ごはんに最適**『最強コスパの1食』を考えましたので、シェアさせていただきます。

白米100g、アマンサラス10g、キヌア10g、赤米40gで調合したオリジナル四穀米を炊きます。

・ブレンドされている五穀米や十五穀米などは、大麦や押し麦などのグルテンが含まれている他、不溶性食物繊維が多すぎる問題もあるためオリジナルで作成します。
・アマンサラスやキヌアはネットで購入可能です。
・ゴマを先にいれて五穀米にしても大丈夫です。
・赤米は美味しく見せるためですのでキヌア20gで、赤米無しでも大丈夫です。

そこに、**すりゴマ10gと焼き海苔10gをかけ、タラコを30g、シラス10gのせて完成**です。

これで、1日の摂取量の「タンパク質」34%「亜鉛」48%「鉄分」34%「ビタミン

B2」49％「ビタミンB6」24％「ビタミンB12」502％「ビタミンE」146％「葉酸」108％「ビタミンC」32％が摂取できます。

これで足りないのはビタミンB6とビタミンCと良質な油ですので、**アボカド**を追加するか、**納豆に大葉3枚**と**エゴマ油**を追加、もしくは**ルッコラ**や**サラダ**など**アマニ油**を追加か、**ししとう**と**エゴマ油**を追加して完璧です。

焼き海苔の代わりに**ワカメ**のお味噌汁や**もずく酢**でも可能です。海藻類で水溶性食物繊維を補います。

シラスは、カルシウムとビタミンDのために10g入れています。日光を20分ほど浴びればビタミンDはつくられますので、カルシウムだけでしたらパルメザンチーズ10gでも達成可能です。

たらこアレルギーの方がいらっしゃるということで、**朝ご飯に最適**『最強コスパ1食』をもう1つご紹介させていただきます。

白米１２０ｇ、アマンサラス10ｇ、キヌア30ｇで調合したオリジナル三穀米を炊きます。このご飯と納豆１パック、卵１個で１日の摂取量の「タンパク質」37％「亜鉛」44％「鉄分」45％「ビタミンＢ２」50％「ビタミンＢ６」24％「ビタミンＢ12」39％「ビタミンＥ」23％「葉酸」67％「ビタミンＣ」２％が摂取できます。

そして、**ビタミンＢ６とビタミンＥとビタミンＣ**と良質な油を補うために、ししとうか赤ピーマンにえごま油。

カルシウムには、シラスかチーズ。

水溶性食物繊維のために、海藻類を合わせればヘルシーで栄養満点に仕上がります。

白米にキヌアかアマサランスを10％の方が、玄米よりも栄養価が高く手間もかからず、不溶性食物繊維過多を防ぐことができ、消化にも優れています。ぜひお試しください。

POINT
食品成分表を元に、ご自分にあった食材を足して1食34%、もしくは1日100%以上になるようにつくってみてください。

次に、**白米にキヌアとアマンサラスを入れたときのお米だけの栄養をまとめましたので、参考にしてみてください**（文部科学省のデータではアマンサラスが鉄分90%摂取できますが、実際は50%ぐらいなので50%で計算しています）。

白米120g、キヌア20g、アマンサラス20gの場合

タンパク質 13% **亜鉛** 30% **鉄分** 19%

ビタミンB2 20% **B6** 8% **B12** 17% **葉酸** 27%

白米100g、キヌア40g、アマンサラス20gの場合

タンパク質 17% **亜鉛** 36% **鉄分** 27%

ビタミンB2 33% **B6** 12% **B12** 24% **葉酸** 43%

お茶碗1杯のお米だけで、ミネラルが1日の3分の1が摂取できてしまうので、美髪のためにぜひお試しください。

総合的に 髪にいい肉類ランキング

1 レバー

栄養の王様！部位の中でも脂質がダントツ少ないんです

数値は豚です

亜鉛	86%
鉄分	124%
葉酸	33%

2 ハツ

美味しいのに安く、脂質が少ないので狙い目です

数値は牛です

亜鉛	26%
鉄分	31%
ビタB12	500%

3 砂肝

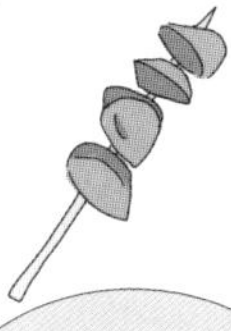

胸よりヘルシーで栄養満点です

亜鉛	35%
鉄分	24%
ビタB12	71%

数値は鶏です

4 馬肉

高タンパク低カロリーの最強赤肉

亜鉛	35%
鉄分	41%
タンパク	34%

5 センマイ

ささみ並みの低脂肪です焼肉屋で是非！

亜鉛	33%
鉄分	65%
ビタB12	192%

数値は牛です

総合的に

髪にいい魚類ランキング

1 ウナギの肝

ビタミンC以外すべて網羅するスーパーフード！

亜鉛	34%
鉄分	44%
葉酸	158%

2 たらこ

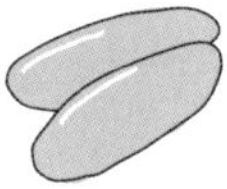

毎日少しずつ食べるだけでOK

亜鉛	39%
鉄分	6%
タンパク	40%

3 いくら

意外と栄養が高い ビタミンも豊富

亜鉛	26%
鉄分	19%
タンパク	54%

4 あんきも

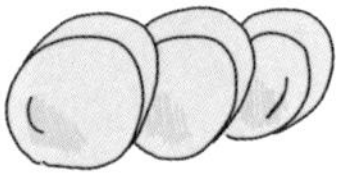

寿司屋へ行ったら食べたい一品

亜鉛	28%
鉄分	11%
ビタB12	1625%

5 まいわし

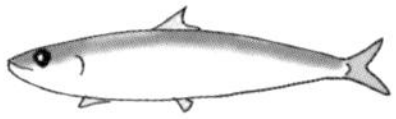

平均的に栄養価が高く、優秀な魚

亜鉛	20%
鉄分	20%
ビタB6	45%

総合的に 髪にいい貝類ランキング

1 かき

亜鉛の含有量がぶっちぎり！すこしずつ食べるオイル漬けなどがいい

亜鉛	175%
鉄分	20%
ビタB12	958%

2 ほや

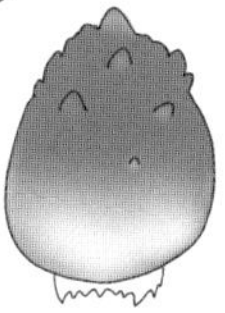

亜鉛と鉄分を両立して摂取できる優れもの苦手じゃなければ食べよう

亜鉛	66%
鉄分	54%
ビタB12	158%

3 しじみ

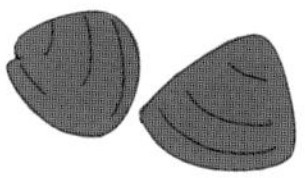

鉄分がぶっちぎりだけど、グラムが取れないのが弱点

亜鉛	29%
鉄分	79%
ビタE	31%

4 ほたて

手軽に食べやすく栄養価が高いのでおすすめ

亜鉛	34%
鉄分	21%
ビタB2	24%

5 赤貝

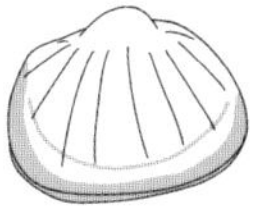

赤いのが鉄分の印！実は栄養豊富

亜鉛	19%
鉄分	48%
ビタB12	2458%

総合的に **髪にいい野菜・海藻類ランキング**

1 枝豆

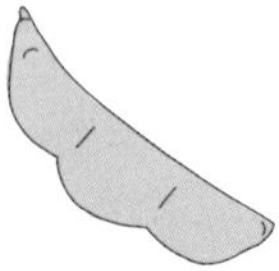

タンパク質も多く、たべやすい優良食材

亜鉛	16%
鉄分	24%
葉酸	108%

2 パセリ

栄養価はNO1！量を取りにくいのが難点。えごま油とごま油と塩を混ぜると食べやすい

亜鉛	13%
鉄分	71%
ビタC	120%

3 納豆

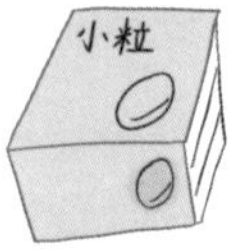

1パックで50グラムも取れます

亜鉛	24%
鉄分	31%
タンパク	28%

4 刻み昆布

水溶性食物繊維をしっかり取るため毎日少しずつ摂取がいい

亜鉛	14%
鉄分	81%
ビタB2	28%

5 豆苗

肉類に含まれない栄養素を網羅しているので肉類との同時摂取がいい

亜鉛	5%
鉄分	10%
ビタE	60%

ランキング以外のおすすめ食材9選

白米

アマランサスとブレンドするのがおすすめ

亜鉛	8%
鉄分	1%
タンパク	4%

アマランサス

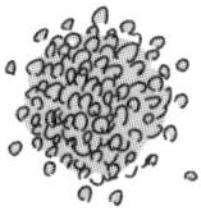

栄養価ずば抜け！

亜鉛	73%
鉄分	90%
タンパク	21%

調製豆乳

補助におすすめ

亜鉛	5%
鉄分	8%
タンパク	5%

まさば

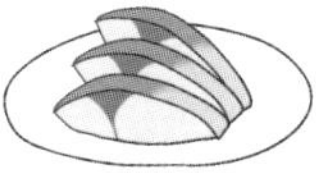

サバ缶もOK

亜鉛	14%
鉄分	8%
ビタB6	54%

ごま

炒ってすると消化にいい

亜鉛	37%
鉄分	73%
ビタE	113%

あゆ

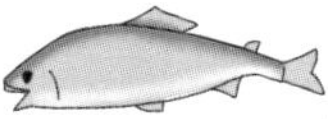

内臓食べるとさらに倍増

亜鉛	16%
鉄分	5%
ビタE	80%

焼き海苔

おつまみにも

亜鉛	5%
鉄分	10%
ビタB12	236%

するめ

おやつはこれで

亜鉛	34%
鉄分	4%
タンパク	58%

鹿肉

鉄分豊富！
高タンパク！
低脂肪！

亜鉛	35%
鉄分	32%
ビタB6	50%

・糖質を減らすと髪はパサつく

糖質制限が一時期主流のダイエット方法となりましたが、糖質制限をしている方を見ていると髪がパサついています。

特に白米を食べていない方は、毛髪がホワホワの癖毛になっているという感覚があります。

それはなぜかというと単純に、白米を抜いた分の栄養素を補っていないため、結果的に栄養素がトータル的に足りていないことが問題です。

白米も実は、亜鉛や鉄を含んでいるため**白米を抜いた分のミネラルと炭水化物し以上を取る必要があります。**

「以上」というのは、糖質を制限した分タンパク質が消費されてしまうためです。

糖質制限をしている方に多く見受けられるのが**鶏肉、卵、ブロッコリー、間食はナッツ類、そしてプロテイン**というメニューをよくお聞きしますが、胸肉では亜鉛と鉄分がササミでは鉄分が不足しやすくなってしまうため、納豆も摂取する必要があります。

そうしますと１食につき、鳥胸肉１００g、納豆１パック、ブロッコリー１株１５０g、卵２個に納豆をさらにプラス１パック、もしくは卵をさらにプラス２個を追加できれば炭水化物以外の必要量を補える計算です。

これを毎食摂取となると、女性にはかなり厳しい量になってきますし、炭水化物が足りていないので、エネルギーをつくり出すためにタンパク質が消費され足りなくなると筋肉が消費されてしまいます。

その分をプロテインやサプリなどで補う形になってしまいますが、サプリも毎日のように摂りすぎると内臓に負担もかかり腸内環境の悪化に繋がり、結果的に毛髪がパサパサしやすくなってきてしまうという悪循環になってしまいます。

POINT
糖質制限しすぎると毛髪はパサパサになってしまいます。

・プロテインやサプリは大丈夫？

プロテインやサプリで栄養素を補うことも充分考えられますので、その注意点を説明させていただきます。

まずプロテインについてですが、牛乳中に含まれているタンパク質から**ホエイプロテインとカゼインプロテイン**ができています。**ホエイプロテインが水溶性でカゼインプロテインが不溶性**です。カゼインプロテインは胃腸内で固まるため、ホエイプロテインのほうが消化吸収が早く選ばれることが多いですが、やはり乳糖が含まれてしまいます。

乳頭は腸に溜まりやすいので、乳糖の含有量を減らしたＷＰＩプロテインもおすすめですが、完全に取り除かれているわけではありませんので、もっと消化にいいものを選ぶ場合はソイプロテインがおすすめです。

次はサプリについてですが、**毎日規定量を飲むということはあまりおすすめできません。**

日によって食事で摂取する栄養量は違います。

栄養素によっては、摂取制限のある栄養素も多く、過剰に摂取してしまうと肝臓などに負担がかかり逆に免疫の低下に繋がってしまいます。

またサプリの成分は食物から抽出した成分がおすすめです。

例えば、毛髪の健康には亜鉛がおすすめですが、亜鉛を摂取する場合は成分表記が「亜鉛」ではなく、「牡蠣濃縮還元エキス」や「牡蠣肉エキス」のような**食物から抽出した成分**のほうが内臓の負担が少なくなりますので確認してみてください。

サプリで補う場合は、ビタミン類は青汁で、亜鉛と鉄分は必須なのでその2つと、青汁でも摂取しにくいビタミンB6とビタミンEの2つをサプリで、タンパク質はプロテインで補うことをおすすめします。

POINT

足りないときだけ摂取して補うことが重要です。

・海藻で髪はよくならない？

海藻はミネラル豊富と言われています。

ミネラルの中でも毛髪に最も必要で、不足しがちなミネラルは亜鉛と鉄分です。ですが、海藻類が特別**突出しているわけではございません**。

とはいえ、栄養価が平均的に高いのは事実ですので、率先して摂取することをおすすめいたします。

海藻類の何が健康や毛髪にいいのかと申しますと、水溶性食物繊維の比率が特に多いということです。

前にもお伝えいたしましたが、**水溶性食物繊維の比率が不溶性食物繊維の比率を上回っている食材は海藻類とエシャレットや生らっきょとニンニク**以外ございません。

ですので、不溶性食物繊維が多く栄養価が高い穀物類を摂取した場合は、合わせて摂取することが健康や美髪につながります！

POINT
海藻類は水溶性食物繊維の宝庫です。進んで摂取しましょう。

・栄養価とリスクを考える

最近では、オートミールやチアシードなどの**スーパーフード**が流行っていますが、宣伝に流されるのではなく、食材をしっかり調べ、どれぐらい栄養素があるのかと、逆にリスクはどれぐらいあるのかを考慮するべきです。

穀物類や種子類はやはり不溶性食物繊維が多い食材ですので、バランスよく食べる必要があります。

オートミールは栄養価が高いのでおすすめですが、グルテンが含まれている場合もありますので、グルテン不使用という表示のものを選ぶようにしましょう。

レバーなどの内臓や魚卵なども栄養価は高く、一気に栄養を摂取できますが、やはり取り溜めることのできない水溶性ビタミンやミネラルなどの栄養成分は、毎日少しずつの摂取がおすすめです。

レバーや魚卵についてはコレステロール値を気にする方もいらっしゃると思いますが、**コレステロールは基本体内で調整されていますので、通常の食事で摂りすぎることはありませんし、**文部科学省のデータによるとコレステロール値は、豚レバー250㎎で、たらこが350㎎に対して、鳥卵が370㎎と1番高くなっています。それでも食品から摂取するコレステロールは20%～30%で、後は体内で合成、調整するので気にするものではありません。

それよりも、コルステロール値を気にするのであれば、栄養を抑えるのではなく、塩分や糖分を気にすることが健康の近道になります。

POINT

スーパーフードは摂取することのリスクを考えましょう。

第６章

顔がたれるなら、頭皮もたれる？（耳と頭皮と髪）

・あなたの頭皮年齢はいくつ？

頭皮は年々下がってきます。

顔も下がってきますので、当然頭皮も下がります。

頭皮が１cmたるむと顔は３cmたるむと言われるほど、頭皮のケアはとても重要です。

頭皮のたるみをチェックできる部分が実はありまして、それが耳の上のスキマです。

年齢を増すごとに頭頂部の筋膜の動きが悪くなっていることに、気づいている方もいらっしゃいますが、**頭頂部の筋膜が硬くなるのは、**皮膚が下がって引っ張られているからです。

皮膚が下がって頭頂部の頭皮が伸ばされ、毛間（毛根と毛根の間の隙間）が広くなり、頭頂部の毛髪の隙間が空き、薄く感じてきます。

下がった皮膚は側頭部や襟足に集まり、側頭部と襟足の頭皮はブヨブヨしたり皮が**余った状態になってしまいます。**

皮膚がつかめる場合は、要注意です。

そして、耳の周りの生え際も落ちて、耳上の隙間がなくなってきます。

これがカットして１か月も経っていないのに、下のシルエットが膨らんで重心が下に下がり、嫌なバランスになり、見た目にもお顔が下がって見えてしまう原因です。

さらには、耳の隙間が少ないので、**生えた毛が耳にぶつかりその部分にボリュームが出てしまったり、ショートにしたはずなのになぜかボブみたいに重くなってしまったり、耳に掛かりにくくなってくるなどの問題**が起こってきます。

POINT

耳の上の隙間２㎝と、側頭部（サイド）がつかめるかをチェックしてみてください。

あなたの頭皮下がってませんか

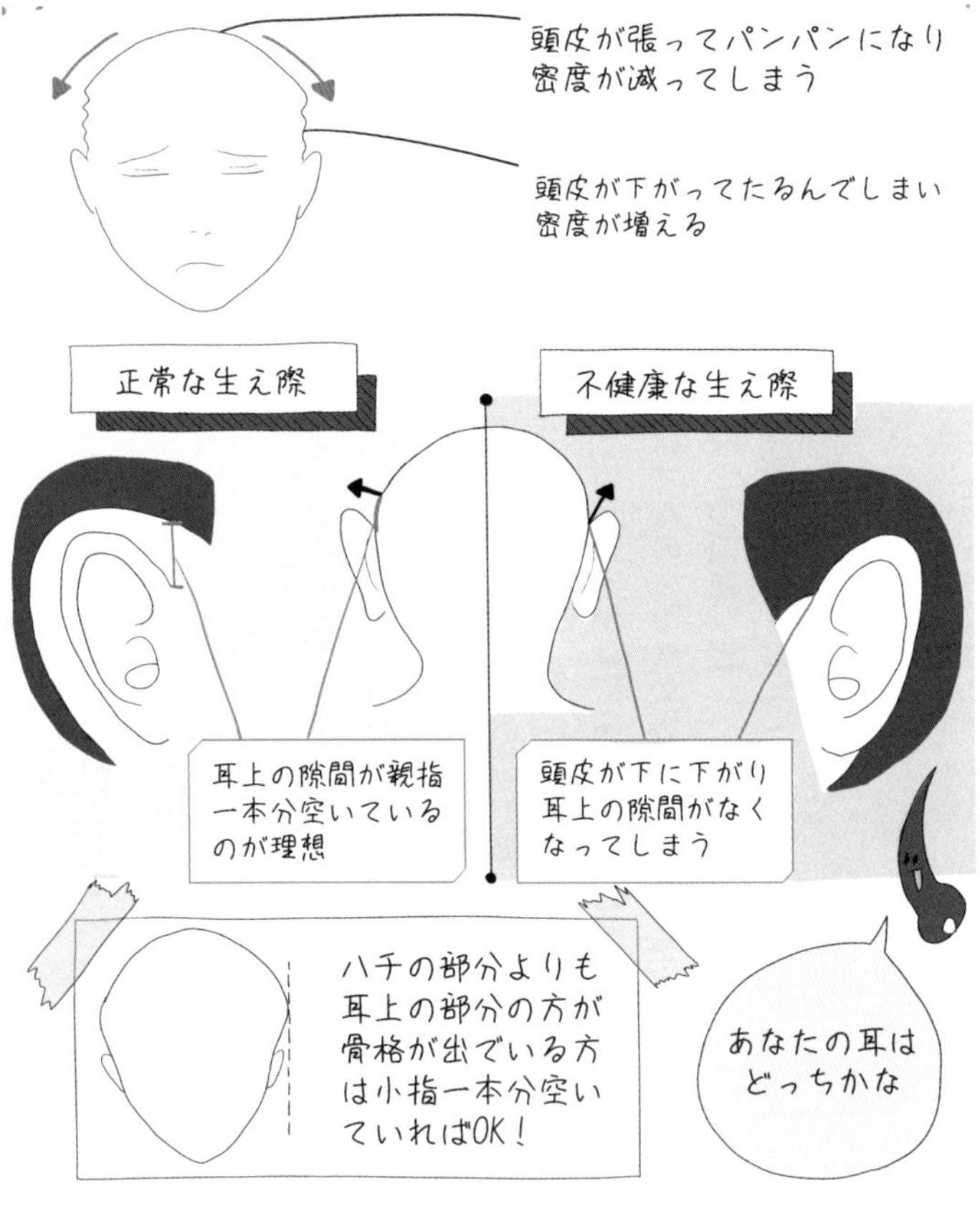

頭皮が張ってパンパンになり
密度が減ってしまう
頭皮が下がってたるんでしまい
密度が増える
正常な生え際
不健康な生え際
耳上の隙間が親指
一本分空いている
のが理想
頭皮が下に下がり
耳上の隙間がなく
なってしまう
ハチの部分よりも
耳上の部分の方が
骨格が出ている方
は小指一本分空い
ていればOK！
あなたの耳は
どっちかな

・耳の上に隙間がない例外の骨格

若いうちから耳の上に隙間がないという方もいらっしゃいます。

骨格はハチ（頭の出でいる角）部分よりも下の、目の延長ラインの頭の骨格が一番出ている頭の形がまん丸の方です。

側頭部が盛り上がっていることにより、耳の付け根が凹んでいて**「耳掛けがしにくい」「ショートにすると丸くなり跳ねにくい」「肩下になるととても跳ねやすい」「帽子があまり似合わず好きではない」**という**特徴**があります。

この骨格タイプの方は、1cmの隙間を目安にチェックしてみてください。

POINT

骨格が真ん丸型の方は、耳の上の隙間1cmと、側頭部（サイド）がつかめるかをチェックしてみてください。

・頭皮は、揉んではいけない…頭皮年齢を若くするには？

頭皮は揉んではいけません。揉んでしまうと毛細血管を潰してしまい血行の巡りが悪くなります。特に薄毛の方、頭頂部の揉みほぐしはお控えください。

指圧するよりも頭皮の筋膜を動かすことが重要です。

サロンなどでヘッドスパを施術してもらうとき「頭皮が硬いですね」などと言われた方もいらっしゃるとは思いますが、頭皮の硬さは生まれつきです。

「頭皮が硬いからハゲる」という事実はありません。

頭皮の硬さは頭蓋骨と皮膚の隙間の問題であって、その隙間がマッサージで増えたり減ったりすることはまずありえません。

もちろん生まれつき頭皮のスペックが高く（頭皮の皮膚が厚めの方は毛細血管も多い）髪質がいいという個人差はありますが、**マッサージをするとほぐれ、柔らかくな**

るってことはあり得ないのです。

では頭皮が硬い柔らかいの意味はなんなのか…。

それは頭皮が伸びるか伸びないかです。筋肉が固まってくると筋膜が伸びなくなります。

その場合は、頭皮を指圧するのではなく頭皮に指を置き、頭皮を擦らず上に持ち上げてください。

２㎝以上動けば健康で、１㎝もしくは０・５㎜しか頭皮が動かないような状態ですと、頭皮が硬く血行が悪いという意味合いになります。

これは伸びれば伸びるほど頭皮の状態は健康ですので、頭皮のたるみが気になる方はホームケアをしてあげてください。

POINT

指圧は毛細血管を潰してしまいます。筋膜を伸ばすようにストレッチしましょう！

頭皮のたるみ改善セルフケア

リンパ流し

鎖骨を三本指で
10回外側に撫でる

首のリンパ流し

首を猫の手で耳後ろから
鎖骨に向かって10回撫でる

（血流が通る入口を作る）

耳回し

耳の中心を掴み、前回りに
10回後ろ周りに10回まわす

（硬いと頭痛の原因にも）

筋膜伸ばし

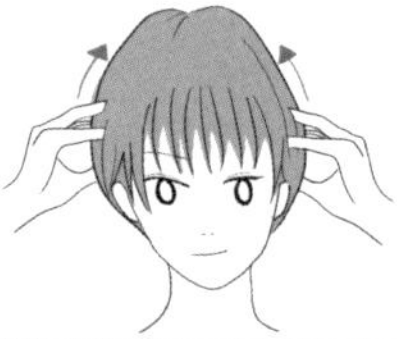

サイドの頭皮を上に持ち上
げた状態で3秒キープ。
1cmずつ上がりながら頭頂
部まで行う。上まで行った
ら、襟足から上に向かって
同様に行う。

第7章

美髪になるために、これからやるべきこと（贈り物）

・消化に悪いものを控える

免疫システムを簡単にまとめますと、まず骨髄で造血幹細胞や免疫細胞をつくります。それから胸腺でT細胞などの免疫細胞をつくります。

腸のM細胞がT細胞に指令送り、リンパなどで病原体やウイルス細菌を退治します。それがざっくり言う体内の免疫システムですが、**T細胞をつくる胸腺は、子どもの頃は大きいのですが、成人の頃にはだいぶ小さくなり、年々さらに小さくなっていきます。**

それにつれてT細胞の量が減ってきますから、**歳をとると花粉症になったりアレルギーになったり風邪をひきやすく**なったりしてくるので、消化に悪いものを控え、腸を健康にするということが年々重要になってくるというわけです。

POINT

何を食べないか、何を控えるかをストレスない程度に決めましょう。

・縛る場合の対処法／思い切ってショートヘアに

どうしても縛らなければならないご職業の場合、短時間であれば家に帰りすぐ頭を洗い癖を取り、長時間の場合は、縛る場所を襟足の生え際よりも下で緩く縛るか、毎日縛る場所を変えるか、クリップやバレッタなどを使用しましょう。

緩く縛ることができないご職業の方は、バッサリショートヘアにすることを強くおすすめします。産後など頭皮には体が弱った状態で、縛り続けることもおすすめはしません。出産前にバッサリショートヘアにすることをおすすめします。

お子様がいらっしゃる方は子どもの頃から気をつけてあげてください。部活などで縛らなければいけない場合、**生まれつき癖毛や癖がつきやすい髪質のお子様**は、縛り癖がとてもつきやすく毛根も曲がりやすいのでショートヘアをおすすめします。

POINT

毎日長時間、強く縛ることをやめましょう。

・濡れたままがいけない理由の勘違い

「自然乾燥は痛む」みたいなワードが先行しています

実際は自然乾燥が痛むわけではなく濡れたまま寝ると痛みます。濡れたまま寝ないで自然乾燥ならモヤっとしてしっとりはしますが、それによっては痛みません。

ゴムダメージの部分でお伝えした通り、髪は濡れていると**物理的に10倍弱く、紫外線には20倍弱い**とも言われています。

濡れた状態の髪の毛と枕は大根と大根おろし器ぐらいの差がありますので、濡れたまま寝てしまうと頭の重さで髪が削れてしまい、傷んでしまいます。

そして、問題なのは枕です。

汗をかいたりした枕に菌が繁殖しますので、**定期的に枕を洗濯し天日干しにすることをおすすめ**します。

帽子も同様です。「帽子をずっとかぶっているとハゲる」みたいなことを聞いたことがある方もいらっしゃると思いますが、帽子により菌が発生しますので、かぶる前に殺菌系育毛剤をつける、帽子外した後はすぐシャンプーする、**帽子は定期的に洗い天日干しにする**などの対策をしないと、菌が繁殖して薄毛の原因になります。

POINT
頭皮の皮脂は毛細血管の供給を妨げます。頭皮を清潔に保つことが薄毛改善の第一歩です。

・シャンプージプシーは何故起こるのか

シャンプージプシーの方が多いかと思います。

使い初めは「いいな」と思っても使ってるうちに、よくわからなくなってくるということはありませんか？

シャンプーは**洗浄力の強さ**と**質感成分の量**で内容が決まります。

そしてそれは比例します。

洗浄力が強いシャンプーは質感成分が多く、洗浄力が弱いシャンプーが質感成分が少なくつくられています。

なぜなら洗浄力が弱いシャンプーで質感成分を強くしてしまうとベタベタになりすぎて使い続けることができないからです。

例えば、癖毛用しっとりシャンプーがあるとします。そのシャンプーの仕上がりはしっとりするが、洗浄力が強いということはよくあります。

ですので、**さっぱりシャンプーよりもしっとりシャンプーのほうがなぜかパサつくという現象**はよく起こるのです。

もちろん高価な界面活性剤を使用したりなどで、質感は変わりますが、シャンプーには限界があり、洗浄成分が優しく質感成分もたっぷりというシャンプーはベタベタになり使い物にならないのです。

さらにピンポイントで自分の今日の状態に合ってるシャンプーは存在しません。

仕上がりがしっとりするシャンプーを使い続けるとさらにベタつき、仕上がりがさっぱりのシャンプーを使い続けるとさらにパサつくということが起きます。

買い換えたときは違う質感に変わりますので、よく感じるのはそのためです。

シャンプージプシーの解決方法は2つあります。

1つ目は成分の1番初めの界面活性剤が違う種類のシャンプーを、2、3本購入し日替わりで使い分けるという方法です。

野外に出かけたときはさっぱり、1日家にいた日は洗浄力の弱いシャンプー、乾燥してきたらしっとりクリームシャンプーなど。季節やその日のコンディションでシャンプーを日替わりで変えることです。

もう1つの解決方法は、タンパク質系界面活性剤を水を抜いた2つ目以内に使用しているシャンプーを使用することです。

高価ですが、質感は良好です。タンパク質系界面活性剤と成分名称は、**ラウロイルシルクアミノ酸**naや**ココイル加水分解コラーゲンK**などの、名前がアミノ酸ではなくタンパク質のものです。

美髪のためにぜひお試しください。

POINT
毎日シャンプーを使い分けてみましょう。

・9割の方は間違っているドライヤーの当て方

ドライヤーの当て方で分け目をつけてしまってる方が非常に多いです。

ドライヤーを前から当てたり、頭頂部を垂直に上から当てたりしてしまうとパックリ別れてしまいます。

頭皮にドライヤーを直接当ててしまうと風圧で割れてしまうため、乾かし方で分け目を逆につけてしまっている方が非常に多いです。

分け目のつかない乾かし方の手順を説明させていただきます。

1．まず**目的の分け目と逆の分け目に分けて**トップの髪を置いておきます（右分け目の場合は左分け目。左分け目の方は右分け目。真ん中分けの方は分け目と逆らった方の右か左の分け目）。

2. 乾かし始めます。そのとき**トップから乾かさず**、横の髪もしくは後ろから前に向かって乾かします。

3. ある程度周りが乾いてくる頃には、トップの根本は初めの分け目で少し乾いています。その状態でトップを乾かし始めます。

4. 分け目をいつもの場所に戻してもいいのですが、ドライヤーは**直接当てず、手にドライヤーの風を当て、**ドライヤーの風で乾かすというよりも、手でかきながら乾かすというやり方で乾かすことが重要です。

5. 完全にしっかり乾かすということをしなくても全然大丈夫です。逆に少し湿った状態の方がトップにボリュームが出ます。

引っ張って乾かしてボリュームを出そうとする方がたまにいらっしゃいますが、それをすると毛髪はまっすぐに伸びてしまいますので、ボリュームを出すことに関しては逆効果になります。

根元から曲げてワシャワシャ乾かしたほうがボリュームは出ます。

夜、上を向いて寝ているとオールバックになり分け目がつきますので、朝頭頂部の**地肌を水で濡らしドライヤーを直接当てずに分け目を直す**ようにしてください。

このドライヤー実例や、縛り癖などのお客様、食生活で髪質が改善したお客様のお写真など、QRコード（次頁）から飛べるサイトに載せておきますのでぜひご覧ください。

POINT ドライヤーで分け目がついてしまっています。

実際のお客様の実例とお写真
でご紹介しています。

hairrescuekapra.fanlnk.to/bihatubook

毛子たん

あとがき

食材の栄養を1日の必要量のパーセントでのせた栄養成分表を最後に掲載しておりますのでこちらで、ご自分にあう髪にいい食べ物を調べて見つけていただけると嬉しく思います。

本書を読んでいただいた女性が、綺麗な髪で素敵な状態になっていただけることを願っております。

美容室に行くことも、新しいヘアスタイルにチャレンジすることも、楽しんでいただけると幸いです。


当社のサロンヘアレスキューカプラでは、共同代表を務めている小川とイケメンスタイリスト小保方が『髪のレスキューチャンネル』をＹｏｕＴｕｂｅで運営しております。

そちらでも髪の悩みで困っている女性を救うというコンセプトでやっておりますので、よろしければそちらも見てみてください。

長い間うんちくにお付き合いいただきありがとうございました。

坂　直樹

イラスト：ｓｏｔａ

図表４　穀物栄養成分表

美髪の為の食品別栄養成分表

（穀物、豆類、いも類、きのこ類、種実類）

食品成分	たんぱく質	亜鉛	鉄	ビタミンB2	ビタミンB6	ビタミンB12	ビタミンE	葉酸	ビタミンC
	%	%	%	%	%	%	%	%	%
穀類									
アマランサス/玄穀	21	73	90	41	12	53	0	54	0
あわ/精白粒	19	31	46	6	16	0	15	12	0
あわ/あわもち	9	14	7	4	1	3	0	3	0
オートミール	23	26	37	7	10	0	12	13	0
おおむぎ/押麦/乾	11	14	10	3	12	0	2	4	0
おおむぎ/米粒麦	12	15	11	4	17	0	2	4	0
きび/精白粒	19	34	20	1	8	18	0	5	0
キヌア/玄穀	22	35	41	55	20	35		79	0
こむぎ/国産	18	33	30	8	32	0	26	16	0
こむぎ/輸入/軟質	17	21	28	8	31	0	26	17	0
こむぎ/輸入/硬質	22	39	30	8	31	0	26	20	0
水稲めし/玄米	5	10	6	2	19	0	9	4	0
水稲めし/精白米	4	8	1	1	2	0	0	1	0
水稲めし/赤米	6	13	5	11	2	17		4	
水稲めし/黒米	6	11	4	6	3	16		8	
そば/ゆで	8	5	8	2	4	0	3	3	0
はとむぎ/精白粒	22	5	4	0	4	6	0	7	0
ひえ/精白粒	16	28	15	4	2	15	0	6	0
もち米/もち	7	11	1	1	3	0	0	2	0
もち米/赤飯	7	11	4	1	3	0	1	4	0
ライむぎ/全粒粉	21	44	33	17	20	0	20	27	0
豆類									
あずき/ゆで	14	11	15	3	10	0	6	10	0
いんげんまめ/ゆで	16	13	19	6	7	0	2	13	0
えだまめ/ゆで	19	16	24	11	7	0	23	108	15
さやいんげん/ゆで	3	4	7	8	6	0	4	22	6
さやえんどう/ゆで	5	8	8	8	5	0	13	23	44
スナップえんどう/生	5	5	6	8	8	0	7	22	43

そらまめ/ゆで	18	24	20	15	12	0	2	50	18
木綿豆腐	12	8	14	3	5	0	9	5	0
絹ごし豆腐	9	6	11	3	5	0	6	5	0
豆乳	6	4	11	2	5	0	6	12	0
調製豆乳	5	5	11	2	5	0	47	13	0
糸引き納豆	28	24	31	25	22	0	22	54	3
ひよこまめ/ゆで	16	23	11	6	16	0	43	46	0
いも類									
さつまいも/焼き	2	3	9	5	30	0	25	22	13
さといも/水煮	3	4	4	2	13	0	9	12	5
じゃがいも/蒸し	3	4	6	3	20	0	2	9	11
ながいも/生	4	4	4	2	8	0	4	3	6
きのこ類									
えのきたけ/ゆで	5	8	10	11	8	0	0	13	0
エリンギ/生	5	8	3	18	13	0	0	27	0
きくらげ/ゆで	1	3	7	5	1	0	0	1	0
しいたけ/ゆで	4	10	3	9	11	0	0	6	0
なめこ/ゆで	3	6	6	8	4	0	0	28	0
ぶなしめじ/ゆで	5	8	4	8	5	0	0	10	0
まいたけ/ゆで	3	8	2	6	3	0	0	10	0
マッシュルーム/ゆで	6	8	3	23	7	0	0	8	0
まつたけ/生	3	10	12	8	14	0	0	26	0
種実類									
アーモンド/いり 50g	17	23	18	43	4	0	1327	10	0
日本ぐり/ゆで 50g	3	4	3	3	12	0	15	16	13
中国ぐり/甘ぐり 50g	4	6	10	8	17	0		21	1
くるみ/いり 50g	12	16	12	6	22	0	167	19	0
ごま/いり 50g	17	37	47	10	29	0	113	31	
チアシード/乾	32	73	72	3	20	38	0	35	1
らっかせい/いり 50g	21	19	8	5	21	0	492	12	0

※文部科学省のデータベースを元に作成しております。表記がない部分は空欄表記しています。
※厚生労働省、日本人の食事摂取基準2020年版より、女性30歳から49歳の推奨量を基準に作成しております。
※数値は全て１日の推奨量を%で置き換え、美髪に必要で不足しがちな栄養素だけをまとめてあります。
※ビタミンEは、αトコフェロール生理作用100、βトコフェロール生理作用40、γトコフェロール生理作用10%
δトコフェロール生理作用1%として算出しております。

図表５　肉類栄養成分表

美髪の為の食品別栄養成分表

（果実類、肉類）

食品成分	たんぱく質	亜鉛	鉄	ビタミンB2	ビタミンB6	ビタミンB12	ビタミンE	葉酸	ビタミンC
	%	%	%	%	%	%	%	%	%
果実類									
アボカド/生	4	9	6	17	26	0	61	35	12
いちご/生	2	3	3	2	4	0	8	38	62
いちじく/生	1	3	3	3	6	0	7	9	2
梅干し/塩漬	2	1	10	1	4	0	7	0	0
うんしゅうみかん	1	1	1	3	6	0	7	10	35
オレンジ/ネーブル	2	1	2	3	5	0	5	14	60
かき/甘がき	1	1	2	2	5	0	2	8	70
かき/干しがき	3	3	6	0	12	0	7	15	2
キウイフルーツ	2	1	3	2	10	0	24	15	71
きんかん	1	1	3	5	5	0	48	8	49
グレープフルーツ	2	1	0	3	4	0	5	6	36
すいか/赤肉種	1	1	2	2	6	0	2	1	10
すだち/果皮	3	5	4	8	15	0	95	15	110
日本なし	1	1	0	0	2	0	2	3	3
パインアップル	1	1	2	2	9	0	0	5	35
バナナ	2	3	3	3	35	0	9	11	16
ぶどう/皮なし	1	1	1	1	4	0	2	2	2
ブルーベリー	1	1	2	3	5	0	32	5	9
プルーン/生	1	1	2	3	5	0	24	15	4
プルーン/乾	4	5	10	6	31	0	24	1	0
メロン	2	3	3	2	9	0	4	13	18
もも	1	1	1	1	2	0	13	2	8
ライチー	2	3	2	5	8	0	2	42	36
ラズベリー	2	5	7	3	6	0	19	16	22
りんご	0	0	1	0	4	0	2	1	4
レモン	2	1	2	6	7	0	29	13	100
肉類									
いのしし/肉/生	31	40	24	24	32	71	9	0	1
うさぎ/肉/赤肉/生	34	13	12	16	48	233	9	3	1
和牛サーロイン/生	20	35	9	10	21	46	11	2	1
和牛もも/生	32	50	24	17	31	50	5	3	1
輸入牛サーロイン/生	29	39	13	10	38	25	13	2	1

輸入牛もも/生	33	48	23	16	40	63	9	3	1
うし/心臓/生	28	26	31	75	26	500	11	7	4
うし/肝臓/生	33	48	38	250	81	2208	5	417	30
うし/舌/生	22	35	19	19	13	158	16	6	1
うし/第一胃ミノ/ゆで	41	53	7	12	1	83	36	1	2
うし/第二胃ハチノス/ゆで	21	19	6	8	1	83	27	5	0
うし/第三胃センマイ/生	20	33	65	27	2	192	9	14	4
うし/第四胃ギアラ/ゆで	19	18	17	12	1	150	45	4	0
うし/小腸もつ/生	17	15	11	19	5	875	27	6	15
うし/大腸シマチョウ/生	16	16	8	12	1	54	18	3	6
うずら/生	34	10	28	42	48	29	15	5	0
うま/生	34	35	41	20	2	296	16	2	1
あいがも/生	24	18	18	29	29	46	4	1	1
きじ/生	38	13	10	20	59	71	5	5	1
くじら/本皮/生	16	3	2	4	1	17	87	0	5
えぞしか/生	38	35	32	27	50	54	11	2	1
にわとり/手羽/生	38	21	11	9	18	29	2	4	1
にわとり/むね/生	41	9	4	8	43	8	2	2	1
にわとり/もも/生	29	21	9	19	15	21	2	3	1
にわとり/ささみ/生	41	30	6	10	60	4	2	3	0
にわとり/若どりむね/生	39	9	3	9	58	8	5	5	3
にわとり/若どりもも/生	28	20	6	13	23	13	13	5	3
にわとり/若どりささみ/生	40	8	3	9	56	8	13	6	3
にわとり/心臓/生	24	29	49	92	19	71	19	18	5
にわとり/肝臓/生	32	41	86	150	59	1833	7	542	20
にわとり/すなぎも/生	31	35	24	22	4	71	5	15	5
ぶた/ロース/生	32	20	3	13	29	13	5	0	1
ぶた/ばら/生	24	23	6	11	20	21	9	1	1
ぶた/もも/生	34	25	7	18	28	13	5	1	1
ぶた/心臓/生	27	21	33	79	29	104	7	2	4
ぶた/肝臓/生	34	86	124	300	52	1042	7	338	20
めん羊/マトン/もも/生	31	43	24	28	27	67	24	0	1
めん羊/ラム/もも/生	33	39	19	23	26	75	7	0	1

※文部科学省のデータベースを元に作成しております。表記がない部分は空欄表記しています。
※厚生労働省、日本人の食事摂取基準2020年版より、女性30歳から49歳の推奨量を基準に作成しております。
※数値は全て１日の推奨量を%で置き換え、美髪に必要で不足しがちな栄養素だけをまとめてあります。
※ビタミンEは、αトコフェロール生理作用100、βトコフェロール生理作用40、γトコフェロール生理作用10%
δトコフェロール生理作用1%として算出しております。

図表６　魚類栄養成分表

美髪の為の食品別栄養成分表

（魚類）

食品成分	たんぱく質	亜鉛	鉄	ビタミンB2	ビタミンB6	ビタミンB12	ビタミンE	葉酸	ビタミンC
	%	%	%	%	%	%	%	%	%
魚類									
まあじ/皮つき/生	33	14	6	11	27	296	11	2	0
まあじ/皮つき/焼き	43	19	8	13	25	296	13	2	0
あなご/蒸し	29	10	9	9	9	104	53	6	1
あゆ/養殖/焼き	38	16	19	15	22	250	151	16	2
あゆ/養殖/内臓/焼き　20g	5	5	37	12	3	65	88	23	0
あんこう/生	22	8	2	13	10	50	13	2	1
あんこう/きも/生	17	28	11	29	10	1625	255	37	1
いさき/生	29	8	4	10	28	242	16	5	0
まいわし/生	32	20	20	33	45	667	45	4	0
うなぎ/きも/生	22	34	44	63	23	113	71	158	2
うなぎ/かば焼	38	34	8	62	8	92	89	5	0
かさご/生	32	6	3	5	5	50	5	1	1
めかじき/生	32	9	5	8	34	79	80	3	1
かつお/秋獲り/生	42	11	18	13	69	358	2	2	0
かます/焼き	39	8	5	12	28	138	16	5	0
かわはぎ/生	31	5	2	6	41	54	11	3	0
かんぱち/生	35	9	6	13	29	221	16	4	0
きす/生	31	5	1	3	20	92	7	5	1
ぎんだら/生	23	4	3	8	8	117	84	0	0
きんめだい/生	30	4	3	4	25	46	31	4	1
まごち/生	38	8	2	14	31	71	2	2	1
ぎんざけ/養殖/生	33	8	3	12	27	217	33	4	1
しろさけ/生	37	6	5	18	53	246	22	8	1
しろさけ/イクラ	54	26	19	46	5	1958	165	42	6
しろさけ/すじこ	51	28	26	51	19	2250	200	67	9

べにざけ/生	38	6	4	13	34	392	24	5	
まさば/生	34	14	11	26	54	542	24	5	1
さより/生	33	24	3	10	30	229	16	4	2
さわら/生	34	13	8	29	36	221	5	3	0
さんま/皮つき/生	30	10	13	23	49	667	31	6	0
ししゃも/焼き	41	26	16	24	6	363	20	15	1
からふとししゃも/焼き	30	30	15	31	7	417	38	8	1
しまあじ/生	37	14	7	13	47	133	29	1	0
しらす干し/微乾燥品	41	21	6	3	5	133	20	11	0
すけとうだら/生	29	6	2	9	8	121	16	5	1
たらこ/生	40	39	6	36	23	750	129	22	33
からしめんたいこ/生	35	34	7	28	15	458	118	18	76
すずき/生	33	6	2	17	25	83	22	3	3
なまこ/生	5	3	1	3	209	167	7	0	0
まだい/生	34	5	2	4	28	50	18	2	1
たちうお/生	28	6	2	6	18	38	22	1	1
ひらまさ/生	38	9	4	12	47	88	25	3	3
ひらめ//生	33	5	1	9	30	42	11	7	3
ぶり/生	36	9	12	30	38	158	36	3	2
ほっけ/生	29	14	4	14	15	458	31	4	1
ぼら/からすみ	67	116	14	78	24	1167	176	26	10
くろまぐろ/赤身/生	44	5	10	4	77	54	15	3	2
まぐろ缶詰/油漬	31	5	17	11	14	83	165	1	0
めばる/生	30	5	4	14	10	63	27	2	2
わかさぎ/生	24	25	9	12	15	329	13	9	1

※厚生労働省、日本人の食事摂取基準2020年版より、女性30歳から49歳の推奨量を基準に作成しております。
※数値は全て１日の推奨量を%で置き換え、美髪に必要で不足しがちな栄養素だけをまとめてあります。
※ビタミンEは、αトコフェロール生理作用100、βトコフェロール生理作用40、γトコフェロール生理作用10%
※厚生労働省、日本人の食事摂取基準2020年版より、女性30歳から49歳の推奨量を基準に作成しております。

図表7　野菜類栄養成分表

美髪の為の食品別栄養成分表

（野菜類）

食品成分	たんぱく質	亜鉛	鉄	ビタミンB2	ビタミンB6	ビタミンB12	ビタミンE	葉酸	ビタミンC
	%	%	%	%	%	%	%	%	%
野菜類									
あさつき/ゆで	7	10	7	13	25	0	19	83	27
あしたば/ゆで	5	4	5	13	9	0	52	31	23
アスパラガス/ゆで	4	8	6	12	7	0	29	75	16
オクラ/ゆで	4	6	5	8	7	0	22	46	7
かぶ/葉/ゆで	4	3	14	4	13	0	61	28	47
かぼちゃ/ゆで	3	3	5	3	11	0	42	31	16
カリフラワー/生	5	8	6	9	21	0	4	39	81
キャベツ/生	2	1	3	3	9	0	2	28	38
きゅうり/生	2	3	3	3	5	0	5	10	14
クレソン/生	4	3	10	17	12	0	29	63	26
ケール/生	4	4	8	13	15	0	44	50	81
ごぼう/ゆで	3	9	7	2	8	0	11	25	1
こまつな/ゆで	3	4	20	5	5	0	27	36	21
ししとう/油いため	3	4	6	6	36	0	24	14	49
しそ/生	7	16	16	28	17	0	71	46	26
しゅんぎく/ゆで	5	3	11	7	5	0	37	42	5
しょうが/生	2	1	5	2	12	0	3	3	2
スイートコーン/生	6	13	8	8	13	0	7	40	8
せり/ゆで	4	3	12	5	6	0	13	25	10
セロリ/生	1	3	2	3	7	0	4	12	7
だいこん/葉/ゆで	4	3	21	5	9	0	89	23	21
だいこん/根/生	1	1	2	1	5	0	0	14	11
たけのこ/ゆで	6	15	4	8	5	0	19	26	8
たまねぎ/生	2	3	3	1	13	0	0	6	7
チコリ/生	2	3	2	2	3	0	4	17	2
チンゲンサイ/ゆで	2	3	7	4	4	0	16	22	15
つるむらさき/ゆで	2	5	4	4	4	0	24	21	18
トウミョウ/生	6	5	10	23	17	0	60	38	79
トマト/生	1	1	2	2	7	0	17	9	15
なす/ゆで	2	3	3	3	3	0	5	9	1
にがうり/生	1	3	4	6	5	0	17	30	76

にら/ゆで	4	4	7	10	12	0	58	32	11
にんじん/生	1	3	2	3	8	0	9	10	4
にんにく/りん茎/生	11	10	8	6	139	0	9	39	12
茎にんにく/花茎/生	3	4	5	8	28	0	15	50	45
根深ねぎ/生	2	4	3	3	11	0	4	30	14
こねぎ/生	3	4	10	12	12	0	24	50	44
はくさい/結球葉/生	1	3	3	3	8	0	4	25	19
パクチー/生	3	4	8	10	10	0	16	58	45
バジル/生	3	8	14	16	10	0	64	29	16
パセリ/生	7	13	71	20	25	0	62	92	120
はつかだいこん/生	1	1	3	2	6	0	0	22	19
青ピーマン/生	2	3	4	3	17	0	15	11	76
赤ピーマン/生	2	3	4	12	34	0	80	28	170
黄ピーマン/生	1	3	3	3	24	0	44	23	150
ふき/ゆで	1	3	1	1	7	0	4	4	0
ブロッコリー/ゆで	7	5	9	8	13	0	50	50	55
ほうれんそう/ゆで	4	9	9	9	7	0	49	46	19
みずな/生	4	6	20	13	16	0	33	58	55
切りみつば/生	2	1	3	8	4	0	13	18	8
みょうが/生	2	5	5	4	6	0	4	10	2
めキャベツ/ゆで	9	6	10	13	20	0	9	92	110
だいずもやし/ゆで	5	4	4	3	4	0	15	16	1
緑豆もやし/ゆで	3	3	3	3	2	0	2	14	2
モロヘイヤ/ゆで	5	5	6	11	7	0	62	28	11
ルッコラ/生	3	10	15	14	10	0	25	71	66
レタス/生	1	3	3	3	5	0	6	30	5
サラダな/生	2	3	23	11	5	0	27	30	14
リーフレタス/生	2	6	10	8	9	0	26	46	21
サニーレタス/生	2	5	17	8	7	0	23	50	17
らっきょう/生	1	6	5	4	11	0	15	12	23
らっきょう/甘酢漬	0	1	17		2	0	4		0
エシャレット/生	4	6	8	4	10	0	7	23	21
れんこん/ゆで	2	4	4	0	6	0	11	3	18

※文部科学省のデータベースを元に作成しております。表記がない部分は空欄表記しています。
※厚生労働省、日本人の食事摂取基準2020年版より、女性30歳から49歳の推奨量を基準に作成しております。
※数値は全て１日の推奨量を%で置き換え、美髪に必要で不足しがちな栄養素だけをまとめてあります。
※ビタミンEは、αトコフェロール生理作用100、βトコフェロール生理作用40、γトコフェロール生理作用10%
δトコフェロール生理作用1%として算出しております。

図表８　その他栄養成分表

美髪の為の食品別栄養成分表

（貝類、藻類、魚介類その他、卵類、油類、その他）

食品成分	たんぱく質	亜鉛	鉄	ビタミンB2	ビタミンB6	ビタミンB12	ビタミンE	葉酸	ビタミンC
	%	%	%	%	%	%	%	%	%
貝類									
あかがい/生	23	19	48	17	9	2458	16	8	2
あさり/生	10	11	21	13	3	1867	7	5	1
かき/生	12	175	20	12	6	958	24	16	3
さざえ/生	32	28	8	8	5	54	42	7	1
しじみ/生	13	29	79	37	9	2833	31	11	2
つぶ/生	30	15	12	10	10	271	33	6	0
はまぐり/生	10	21	20	13	7	1167	11	8	1
ほたてがい/生	23	34	21	24	6	458	16	36	3
藻類									
あおさ/素干し　10g	4	1	5	4	1	155	20	8	3
あおのり/素干し　10g	5	3	8	14	5	173	45	11	6
あまのり/焼きのり　10g	7	5	10	19	5	236	84	79	21
うみぶどう/生	1	0	8	1	0	0	4	2	0
寒天	0	0	2	0	0	0	0	0	0
刻み昆布	9	14	82	28	1	0	5	7	0
ところてん	0	0	1	0	0	0	0	0	0
めかぶわかめ/生	2	3	3	3	1	0	2	15	2
もずく/塩抜き	0	4	7	1	0	4	2	1	0
ほしひじき/ゆで	1	1	3	0	0	0	7	0	0
わかめ/生	3	4	7	15	3	13	2	12	15
魚介類その他									
あまえび/生	33	13	1	3	4	100	62	10	0
いせえび/生	35	23	1	3	13	13	69	6	1
ずわいがに/生	23	33	5	50	12	179	38	6	0
するめいか/生	30	19	1	4	19	204	38	2	1

するめ/乾　50g	58	34	4	4	16	250	40	3	0
いかの塩辛	25	21	10	8	28	708	60	5	
まだこ/生	27	20	6	7	7	54	15	1	1
生うに	27	25	9	37	14	54	65	150	3
ほや/生	8	66	54	11	2	158	22	13	3
焼き抜きかまぼこ	27	3	2	7	2	4	5	1	0
つみれ	12	8	10	8	200	125	4	0	0
なると	8	3	5		36	42	2	0	0
はんぺん	17	1	5	1	6	17	9	3	0
卵類									
うずら卵/生	21	23	30	60	12	196	17	38	0
鶏卵/生	20	14	14	31	8	46	25	20	0
油類									
オリーブ油	0	0	0	0	0	0	138	0	0
ごま油	0	0	1	0	0	0	87	0	0
あまに油	0	0	0	0			80	0	0
えごま油	0	0	1	0			156		0
その他									
しるこ/つぶしあん	7	6	10	2	2	0	17	3	
草もち/つぶしあん入り	8	8	9	2	5	0	21	4	0
はちみつ	0	1	2	2	0	292	0	0	0
メープルシロップ	0	19	4		0	42	0	0	0
黒蜜	1	4	25	34	0	250	0	0	0
甘酒	2	4	1	2		333	0	0	0
青汁/ケール	14	23	28	63	0	34167	173	458	1100

※文部科学省のデータベースを元に作成しております。表記がない部分は空欄表記しています。
※厚生労働省、日本人の食事摂取基準2020年版より、女性30歳から49歳の推奨量を基準に作成しております。
※数値は全て１日の推奨量を%で置き換え、美髪に必要で不足しがちな栄養素だけをまとめてあります。
※ビタミンEは、αトコフェロール生理作用100、βトコフェロール生理作用40、γトコフェロール生理作用10%
δトコフェロール生理作用1%として算出しております。

著者略歴

坂　直樹（さか・なおき）

茨城県出身、1980年10月7日生まれ
2013年日本で初めての『他店舗失敗お直しヘアレスキューサロン「Kapra」を千葉県船橋市に出店。

オープン半年後にホットペッパースタイルランキングショートカット部門全国トップ10入りを獲得。

ショートカットのシルエットのわかるサイドショットスタイル写真を日本で初めて排出。それにより都内からのショートカット失敗のお客様多数来店。その後、船橋市内に4店舗出店。

コロナ以降「髪のレスキューチャンネル」をプロデュースし、YouTube100万再生達成。フォロワー1.7万人。海外からのお客様も多数ご来店。個人指名料1万円、新規カット料金新規8000円、年間2500人のショート・ボブを担当。「ヘアレスキューカプラ」は2023年船橋エリアでホットペッパー売上ランキング1位。ホットペッパー売上ランキング関東上位称号のホットペッパーアワード silver prize 受賞中。

美容師目線で今までになかったけど欲しかったヘアケア商品ブランド、髪を甘やかす『ドルティ』を立ち上げ、シャンプーやオイルなどを開発中。


美容室帰りのスタイルに次の日からなれない理由

2024年6月26日　初版発行

著　者　坂　直樹　© Naoki Saka
発行人　森　忠順
発行所　株式会社 セルバ出版
〒113-0034
東京都文京区湯島1丁目12番6号 高関ビル5B
☎ 03（5812）1178　FAX 03（5812）1188
https://seluba.co.jp/
発　売　株式会社 三省堂書店／創英社
〒101-0051
東京都千代田区神田神保町1丁目1番地
☎ 03（3291）2295　FAX 03（3292）7687

印刷・製本　株式会社 丸井工文社

Printed in JAPAN
ISBN978-4-86367-896-5